글씨왕 맵시왕

리라초등학교 이향숙

해피&북스

학부모님께

과거제도가 있었던 중국 당나라 때 네 가지 기준으로 인물을 뽑았습니다. 외모의 준수함을 나타내는 '신(身)', 말씨의 됨됨이를 나타내는 '언(言)', 글씨를 알아보는 '서(書)', 명확한 판단력을 가늠하는 '판(判)', 즉 '신언서판(身言書判)'이 그것입니다.

손으로 쓰는 글씨보다 컴퓨터 글씨가 많은 요즘, 글씨를 잘 쓴다는 것은 마음의 맵시를 손글씨에 담아 전하는 따뜻함이 묻어 있습니다. 또 글씨를 잘 쓰는 일은 학습 능력의 가장 기본이기도 합니다.

'어린이의 천국'인 리라 초등학교에서는 입학하면 기초부터 글씨쓰기 지도를 하고 있습니다. 놀라운 사실은, 기초부터 단계별로 지도하는 글씨쓰기를 차분하고 인내력있게 잘 따라 오는 어린이는 상급학년에서 스스로 공부하는 태도가 바르게 정착된다는 것입니다. 글씨와 교과학습이 무슨 상관관계가 있겠냐고 반문하시겠지만, 이 프로그램을 통하여 우리는 어린이의 기본 학습태도가 정착되었고, 1학년 때부터 모든 어린이가 글씨를 참 잘 쓰는 것을 알게 되었기에 여기 단계별로 자세히 소개합니다. 매일 한 장 또는 두 장씩 따라하는 습관을 기르면 성취감을 맛보며 학습에 쉽게 적응할 수 있습니다.

한글 바로 쓰기

학부모님의 관심은 건강한 아이, 열심히 공부하는 아이, 그리고 사람들과 잘 어울려 화합할 줄 아는 성품을 지닌 아이로 자라는 것입니다.

공부 잘하는 아이로 기르기 위해서는 먼저 차분한 습관을 기르는 것이 중요합니다.

어릴 적 길러진 습관은 평생 간직되므로 훌륭한 아이로 기르기 위해 부모님이 가장 먼저 고려해야 할 점은 좋은 습관이 길러지도록 하는 것입니다. 공부에 결정적인 도움을 주는 습관을 차분히 길러주는 방법은 세 가지가 있습니다.

첫째, 어릴 적부터 재미있는 책을 읽어주어 귀 기울여 듣는 자세에 익숙하게 길들이는 것입니다.

둘째, 책을 즐겨 읽고 글을 쓰는 활동, 색종이 같은 도구를 활용한 만들기 등에 집중하여 작은 일이라도 성취감을 맛보게 하는 것입니다.

셋째, 작은 학습 활동일지라도 목표를 정해 두고 시작하는 것을 어릴 적부터 습관을 갖도록 해야 합니다.

이 책에서는 아이들이 선 긋기와 글씨 쓰기를 통하여 목표를 바라보는 습관을 갖도록 합니다. 시작점에서 어느 방향으로 어떻게 가야 목표점에 다다를 수 있는 지 명확하게 알고 난 다음, 선을 그어보고 글씨를 시작한다는 것입니다. 흰 종이에 자신이 그리려는 크기와 모양만 보고 따라 그리는 것보다 정해진 공간에서 내가 그린 선의 모양이 완전한 상태로 멋지게 그려지는 것을 확인하며 공간 전체를 보는 안목과 균형 감각을 먼저 익히도록 한 다음 글씨 쓰기를 지도합니다.

또한 필기구도 부드럽게 써지는 크레파스를 먼저 사용한 다음 연필과 크레파스의 가운데 단계인 색연필, 4B 연필, 2B 연필, B연필을 단계적으로 자연스럽게 쓸 수 있도록 계획되었습니다. 즉 어린이의 성장발달 단계에 맞게 글씨지도 과정이 재구성된 것입니다.

또한 자신의 생활을 스스로 돌아보도록 하는 '하루 생활 확인표'를 삽입하였습니다. 좋은 습관을 기르기 위하여 자신이 한 일을 정직하게 , , 로 구분하여 표시해

나가며 매일 최선을 다하는 습관을 기르는 어린이가 될 수 있도록 부모님께서는 많은 격려 있으시기 바랍니다.

리라초등학교 1학년 어린이들은 이 단계로 자형에 맞게 글씨 쓰기를 지도한 결과 대부분의 어린이가 이 책 속의 글씨본처럼 잘 쓰고 있습니다. 글씨 쓰기는 학습의 기본입니다, 글씨 쓰기를 통하여 어린이들은 차분하고 진지하게 학습에 임하는 태도를 길렀고, 손에 힘이 부족하여 쓰기 힘들어 하는 어린이들도 인내심이 점차 향상되었습니다. 놀라운 것은 학기 초 이 프로그램에 성실하게 참여하고 필력이 우수한 어린이들은 학년이 올라갈수록 학업 성적이 우수하다는 것입니다. 그리고 적극적으로 자신의 목표를 세워 실천하며 스스로 자기 주도적 학습으로 나아갔습니다. 곧 작은 시작이 큰 결과를 가져오게 된 것입니다.

이에 저는 오랜 교과 지도 경험을 바탕으로 하여 전국의 모든 초등학교 입학생들이 함께 배우고, 집중력과 인내심을 함양하여 훌륭한 어린이가 될 수 있도록 이 '글씨왕 맵시왕'을 단계별로 계획하였습니다. 1, 2, 3단계는 한글을 처음 배워 나가는 기초적인 내용으로 구성되었습니다. 4단계부터 마지막까지는 2009 개정교육과정에 의한 초등학교 1학년 <국어> 교과서의 교과 내용을 토대로 직접 수업 시간에 활용할 내용을 중심으로 엮었습니다.

이 책의 출판을 허락해 주신 리라초등학교의 권응팔 교장 선생님과 권리라 교감 선생님, 삽화를 그린 이유진(5학년) 어린이와 1학년 때 쓴 공책을 자료로 제공해 준 김유진(3학년) 어린이, 이 책이 우리나라의 모든 어린이에게 유익하게 활용되기를 바라는 마음으로 출판에 도움을 주신 해피앤북스 출판사 여러분에게 고마운 마음을 전합니다.

2013년 늦은 봄 남산 기슭에서 **이 향 숙** 드림

글씨 왕이 되기 위한 지도는 이렇게 하세요.

● 1단계 - 선긋기(크레파스)

▸ 가운데에 점선이 있는 네 칸 공책을 사용하여 일정한 공간을 제시하고 시작점과 끝나는 점을 알게 한 후 다양한 선을 그려 본다

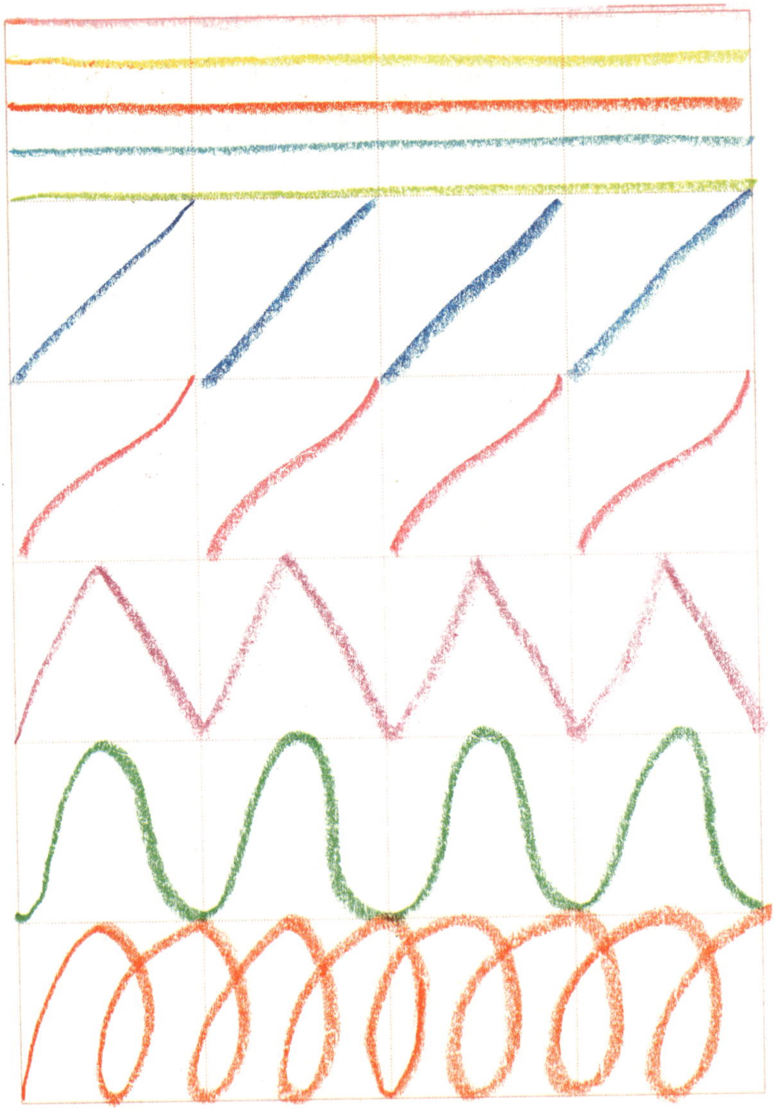

2단계 - 한글 낱자쓰기(12색 색연필)

▸ 선긋기와 같은 공간에서 한글의 낱자를 크게 쓴다. 손에 힘이 완전히 주어지지 않아 어렵겠지만 훌륭한 필력을 기르기에는 꼭 필요한 과정이다.

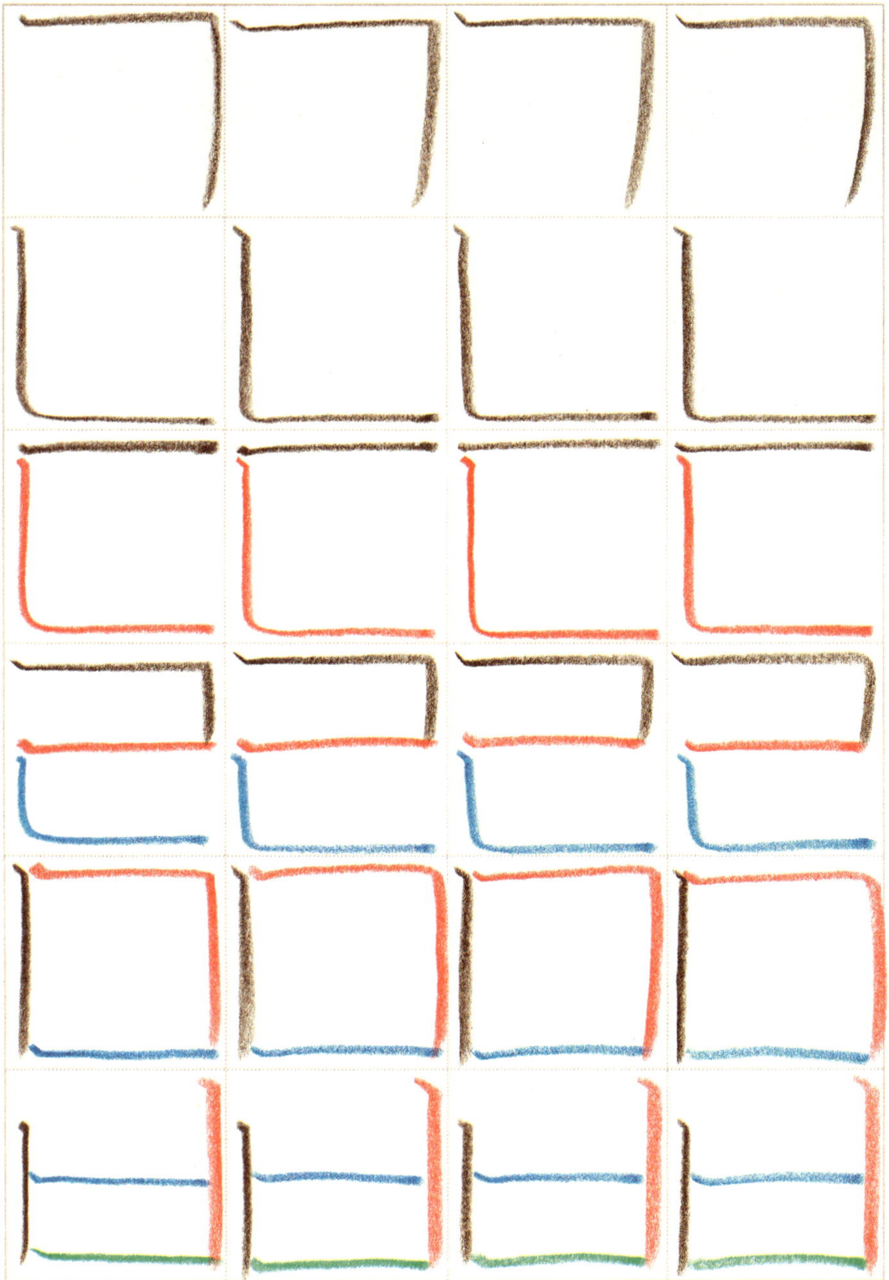

● 3단계 – 이야기 글에 나오는 낱말의 짜임 알고 써보기(색연필)

▸ 짧은 동화를 읽고 동화에 나오는 받침이 없는 낱말을 먼저 써 본다

▸ 받침이 없는 낱말을 익힌 다음 받침이 있는 낱말을 써 본다

바	ㅂ	→	밥
어	ㅁ	→	엄
ㅁ	ㅏ	→	마
서	ㄴ	→	선
새	ㅇ	→	생
니	ㅁ	→	님

4단계 - 큰글씨 쓰기(4B 연필)

▶ 국어(1-가, 1-나) 교과서의 낱말을 4B 연필로 3단계의 낱자 크기 만큼 크게 쓴다. 4B 연필은 심이 부드러워 손에 힘이 완전히 주어지지 않은 어린이들이 필력을 익히기에는 좋은 도구이다

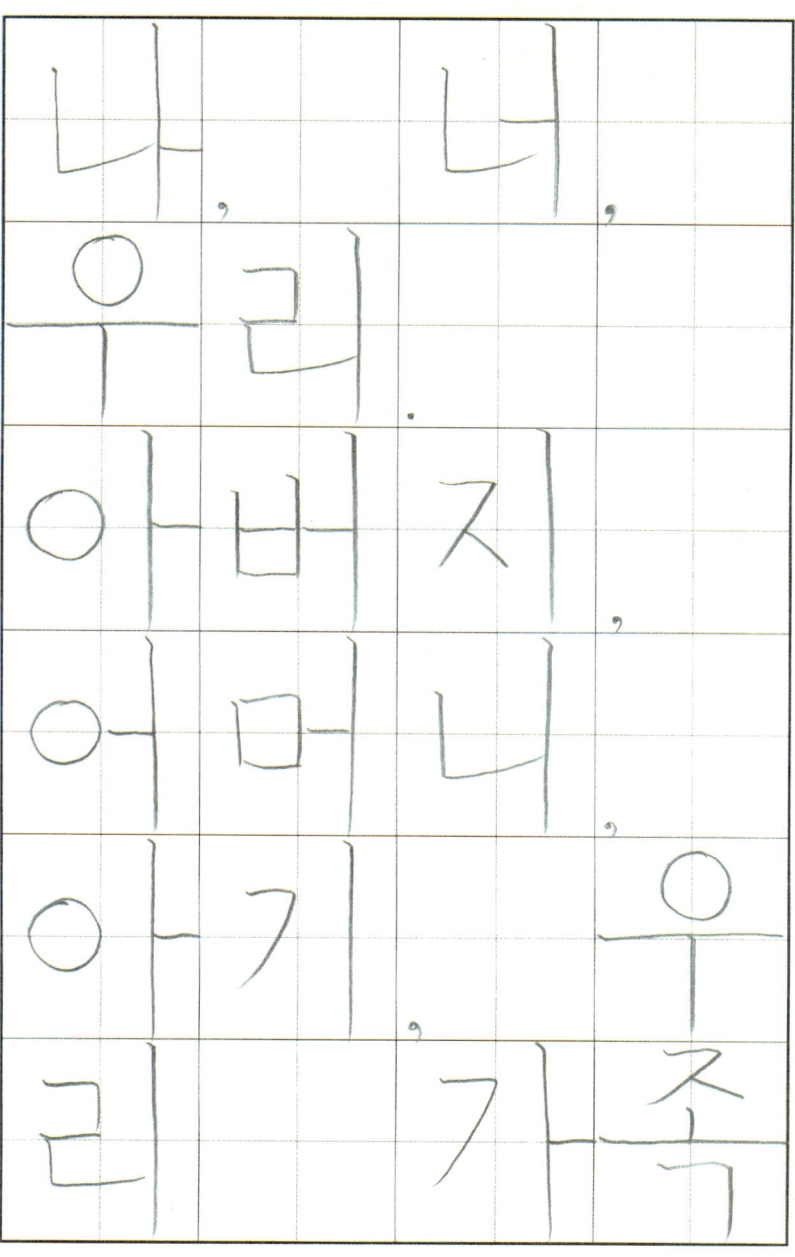

나, 너,
우리.
아버지,
어머니,
아기, 우
리 가족

5단계 - 조금 작은글씨 쓰기(2B 연필 사용)

▸ 가운데에 점선이 있는 여덟 칸 공책을 사용하기 시작하며 2B연필로 바꾸어 사용한다. 1학년 국어(1-가, 1-나) 교과서의 본문과 내용을 이해하기 위하여 번갈아 가며 써 본다

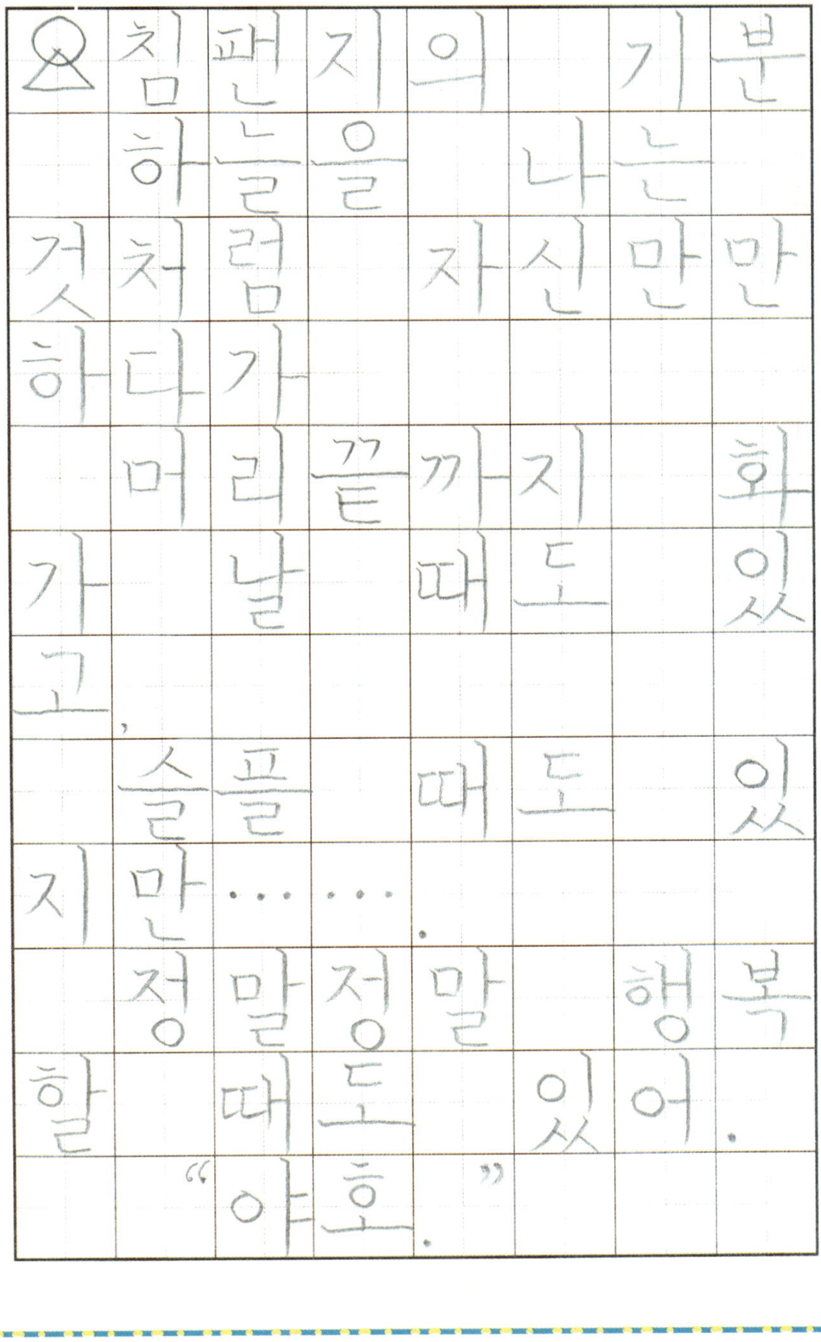
침팬지의 기분
하늘을 나는
것처럼 자신만만
하다가
머리끝까지 화
가 날 때도 있
고,
슬플 때도 있
지만…….
정말정말 행복
할 때도 있어.
"야호."

● 6단계 – 그림일기 쓰기(2B 연필 사용)

▸ 하루 중 기억에 남을 만한 일을 작은 그림으로 그려보고 100자 이내로 마음 속 생각을 담아 써 본다

도서실

도서실에서 숙제를 했다. 임범이와 함께 있어 외롭지 않았다. 책 많이 읽고 지민이처럼 똑똑해져야지.

7단계 – 작은글씨 쓰기 (B연필 사용)

▸ 점선이 없는 열 칸 공책을 사용하여 국어책의 낱말과 본문을 그대로 옮겨 써 본다.

월 일 요일

달팽이

"예솔아, 달팽이 좀 봐."

내 말을 듣고 동생 예솔이가 거실로 나왔다. 달팽이가 화분에서 떨어져 굼실굼실 기어가고 있었다. 달팽이가 자꾸만 예솔이 앞으로 다가갔다. 예솔이가 놀란 표정으로 피하였다.

나는 달팽이를 화

8단계 – 일기 쓰기(B연필 사용)

▸ 자신이 직접 한 일에 대한 생각을 중심으로 생각의 범위를 넓혀가며 140자 정도의 내용을 일기로 써 본다

	10	월		29	일		토	요	일		
				대	청	소					
	대	청	소	를		했	다	.	안	방	,
마	루	,	내		방	을		쓸	고		닦
았	다	.	아	주	머	니	께	서			
	"	자	세	가		아	주		잘		나
	오	네	.	정	말		훌	륭	한	데	…
	…	".									
	라	고		하	셨	다	.				
	나	는		마	치		엄	마	가		된
기	분	이	었	다	.	잘	했	다	고		칭
찬	을		들	으	니	까		또		하	고
싶	은		생	각	이		들	었	다	.	
	내	가		닦	은		마	루	는		유
리	창	같	이		반	짝	거	린	다	.	내
얼	굴	도		어	른	거	린	다	.	마	음
도		깨	끗	해	졌	다	.				

● 9단계 - 받아쓰기(B,또는 HB 연필 사용)

▸ 1학년 국어 교과서(1-가, 1-나)를 중심으로 꼭 익혀야 할 우리 낱말과 문장을 실어 둔다

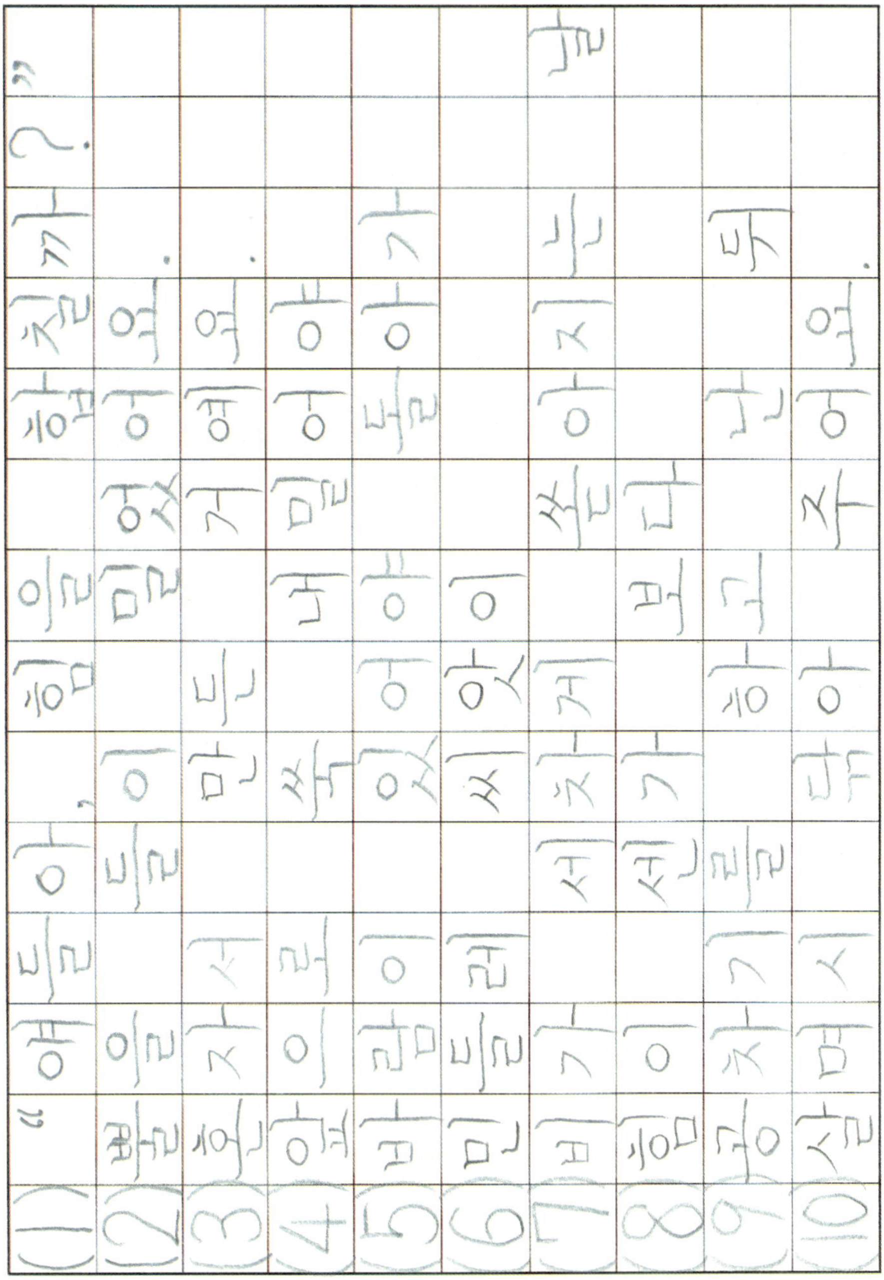

이렇게 하면 더욱 효과적이에요

● 좋은 습관 기르기

이부자리 정리해요	밥 먹어요	이 닦지요	옷을 단정하게 입어요	신발도 예쁘게 신어요	공부도 했어요	엄마 ! 다 했어요

(😊 매우 잘함, 🙂 잘함, ☹ 보통)

▸ 매일 해야 할 분량을 다 하고 난 뒤 어린이 스스로 기록하도록 합니다. '엄마, 다했어요'란은 엄마가 직접 싸인해 줍니다. 스스로 잘 해두었으면 아낌없이 칭찬해 주는 것 잊지 마세요!(스티커는 맨뒤 부록에 있음)

● 매일 책 읽기

권 수 (번호)	읽은 책 제목 (끝까지 읽은 책만 쓰세요.)	엄마 칭찬

▸ 매일 책 읽는 습관을 기르기 위하여 매일 책읽기를 권장합니다. 글씨쓰기 4단계부터 책 읽고 난 뒤 책의 맨 뒤편에 쓰도록 합니다. 글씨를 다 해득하지 않았을 경우 엄마가 직접 작성하는 것도 좋습니다. 어린이가 읽은 책을 엄마도 함께 읽고 책의 내용에 대해 이야기 나누면 더욱 흥미롭게 책과 친숙해 진답니다.

20　년 (　　)월 (　　)일 (　　)요일

수평선 그리기

재료 : 크레파스

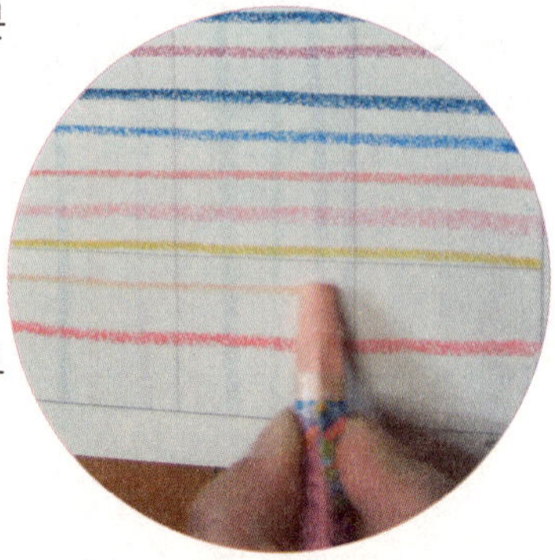

잡는법 : 엄지와 검지를 이용하여 가운데 보다 더 아래 부분을 잡는다(사진과 같음)

① 굵은 실선 따라 옆으로 그린다

② 점선 따라 옆으로 그린다

③ 굵은 실선과 점선 사이 선이 없는 부분을 반으로 나누어 그린다

④ 처음부터 끝까지 떼지 않고 한 번에 그린다

⑤ 한 번에 한 가지 색으로 그려 다양한 색상을 사용하도록 한다

어머니께 드리는 Tip

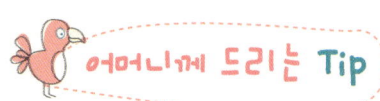

선긋기는 쉽게 누구든 하는 일이라 간과하기보다는 작은 것이지만 최선을 다하는 습관을 기르기에는 참 좋은 프로그램입니다. 그리고 잘했을 경우 반드시 칭찬과 격려를 해 주는 것이 필요합니다.
뒷장의 스티커를 붙여 주며 스티커를 한 장 다 채우면 어린이가 원하는 것 한 가지를 들어 주는 것도 좋은 방법입니다

이부자리 정리해요	밥 먹어요	이 닦지요	옷을 단정하게 입어요	신발도 예쁘게 신어요	수평선 그리기도 했어요	엄마 ! 다 했어요

▸ 어린이가 직접 기록해요(매우 잘함, 잘함, 보통)

→

번호는 그리는 순서임

①
③
②
⑤
④
⑦
⑥
⑨
⑧
⑪
⑩
⑬
⑫
⑮
⑭
⑰
⑯
⑲
⑱
㉑
⑳
㉓
㉒
㉕
㉔

20　　년 (　　)월 (　　)일 (　　)요일

전봇대 그리기

재료 : 크레파스

잡는 법 : 엄지와 검지를 이용하여 가운데 보다 더 아래 부분을 잡는다.(사진과 같음)

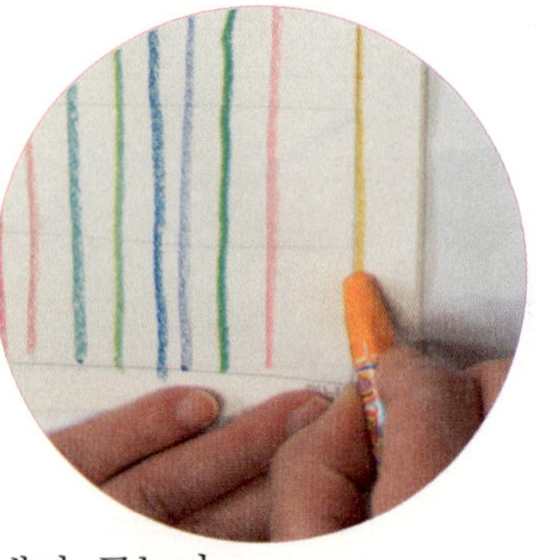

① 엄지와 검지를 이용하여 잡고 세로로 굵은 실선 따라 내려가며 긋는다

② 손목을 움직이며 그리는 것이 아니고 손을 아래로 내리면서 점선 따라 내려 긋는다

③ ①과 ②번 사이 선이 없는 부분을 반으로 나누어 내려 긋는다

④ 처음부터 끝까지 떼지 않고 한 번에 긋는다

⑤ 가로선과 마찬가지로 다양한 색을 이용하며 긋는다

어머니께 드리는 Tip

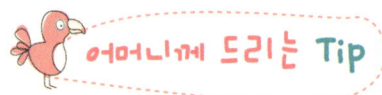

선긋기에서 크레파스는 엄지와 검지가 중심이 되어 잡고 중지와 나머지 손가락은 검지에 자연스럽게 붙이면 된다. 이때 손에 힘이 들어가지 않아 흔들리거나 바들거리는 경우가 있다. 그럴지라도 잡는 방법을 마음대로 하거나 바꾸어 주지 않아야 한다. 선을 잘못 긋는다 하여 꾸중하거나 절대 혼내지 않도록 한다.

이부자리 정리해요	밥 먹어요	이 닦지요	옷을 단정하게 입어요	신발도 예쁘게 신어요	전봇대 그리기도 했어요	엄마 ! 다 했어요

▸ 어린이가 직접 기록해요(매우 잘함, 잘함, 보통)

번호는 그리는 순서임

① ③ ② ⑤ ④ ⑦ ⑥ ⑨ ⑧ ⑪ ⑩ ⑬ ⑫ ⑮ ⑭ ⑰ ⑯

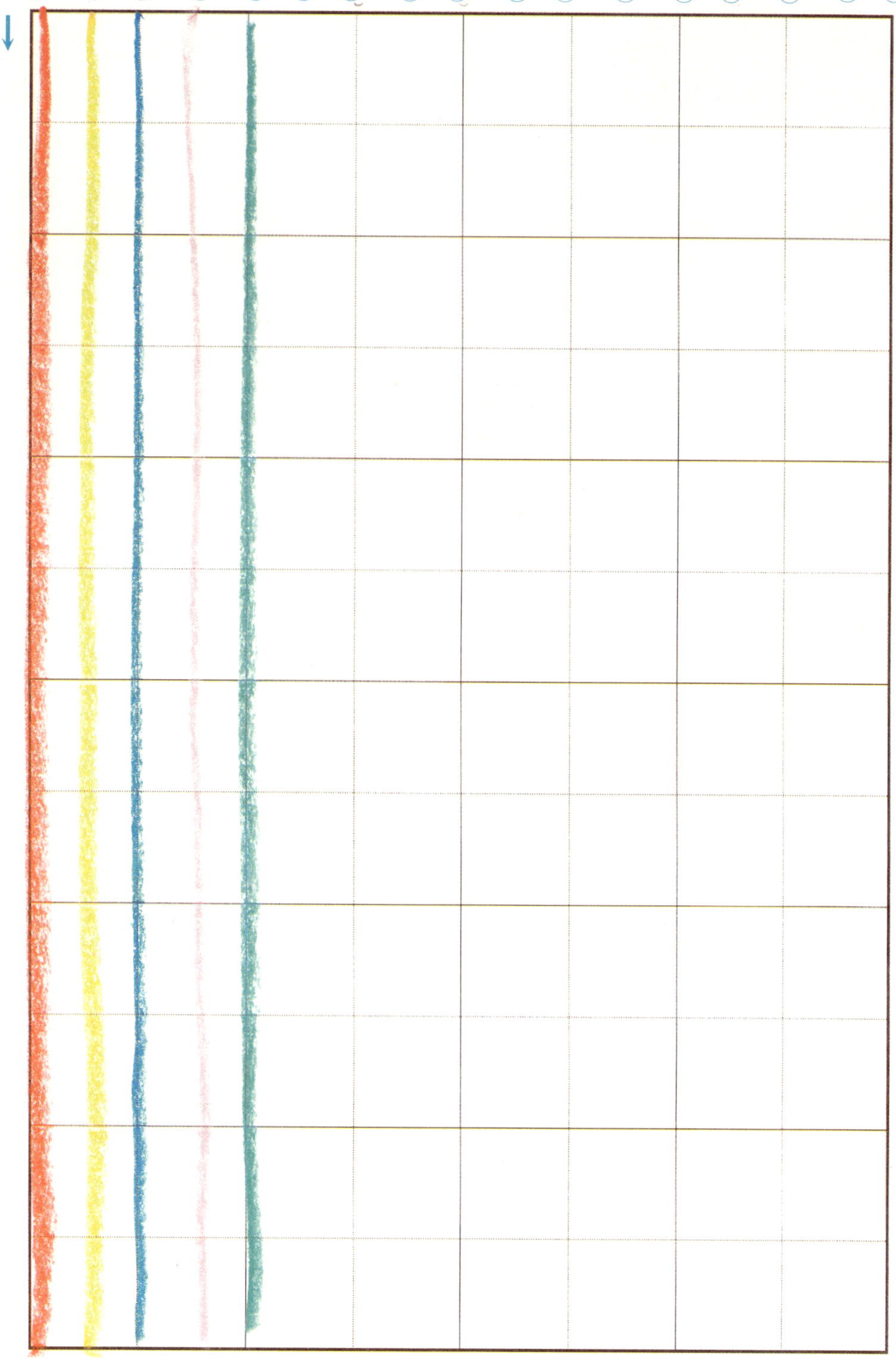

20 년 ( )월 ( )일 ( )요일

비가 내려요 1

재료 : 크레파스

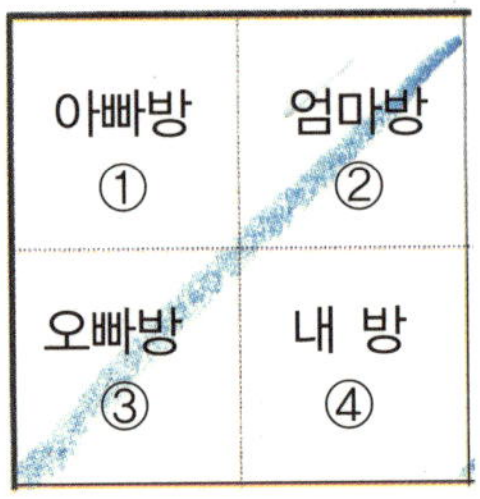

① 엄지와 검지를 이용하여 잡고 두번째 실선의 오른 쪽 위쪽 끝에서 시작하여 첫째 실선의 아래쪽 끝을 향하여 긋는다.

② 실선을 기준으로 면을 살펴보는 안목을 기른다. 실선 한 칸 안에는 점선으로 이루어진 네 개의 방(칸)이 있음을 알게 한다.(아래 그림 참조) 각 방의 이름과 위치를 잘 알아 두어야 한다.

③ 두번째 실선 오른 쪽 위 끝에서 시작하여 ①번과 같이 긋는다.

이부자리 정리해요	밥 먹어요	이 닦지요	옷을 단정하게 입어요	신발도 예쁘게 신어요	비가 내려요1도 했어요	엄마 ! 다 했어요

▸ 어린이가 직접 기록해요(매우 잘함, 잘함, 보통)

번호는 그리는 순서임

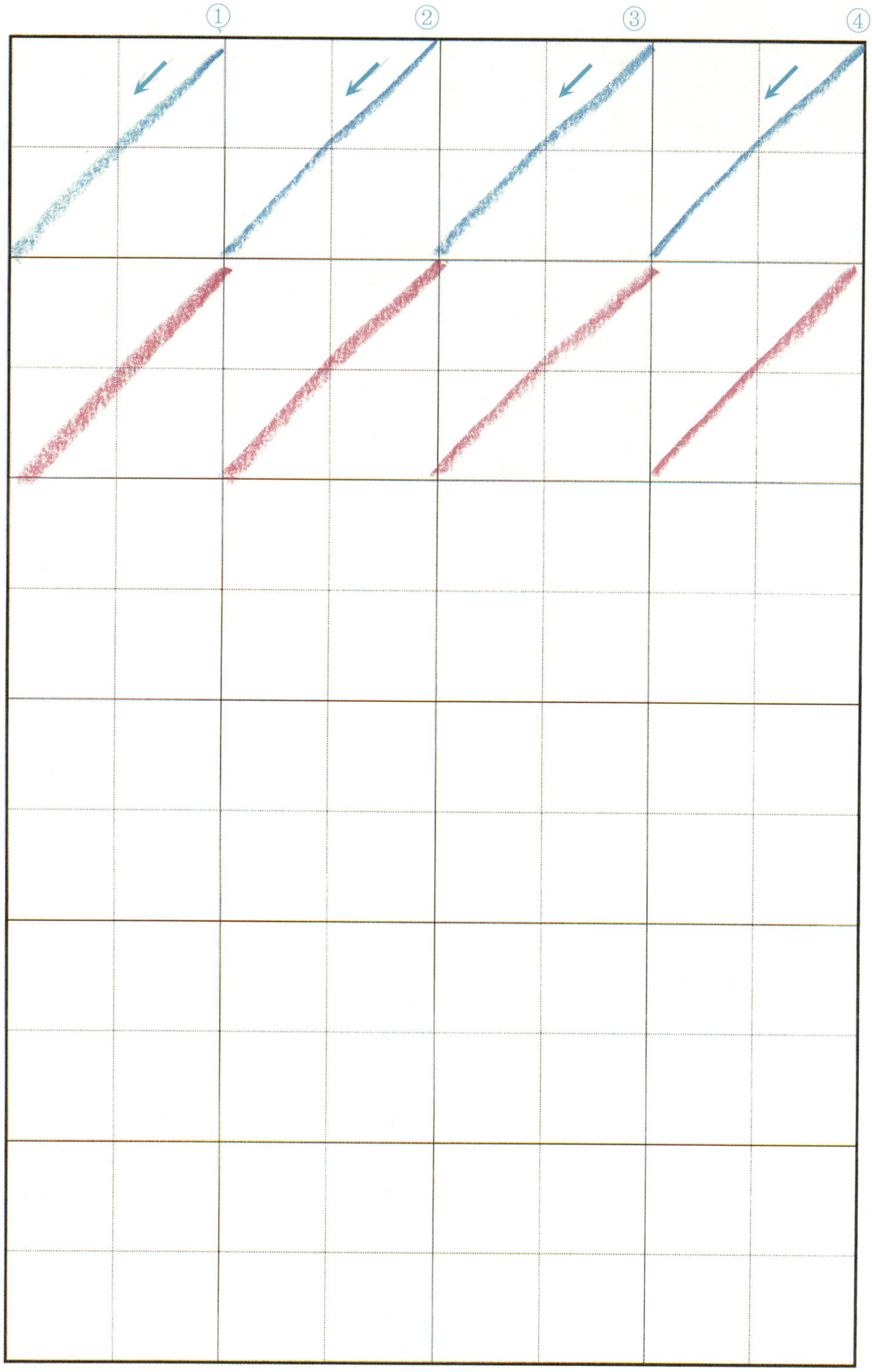

20 년 ( )월 ( )일 ( )요일

변덕쟁이 비가 내려요 2

재료 : 크레파스

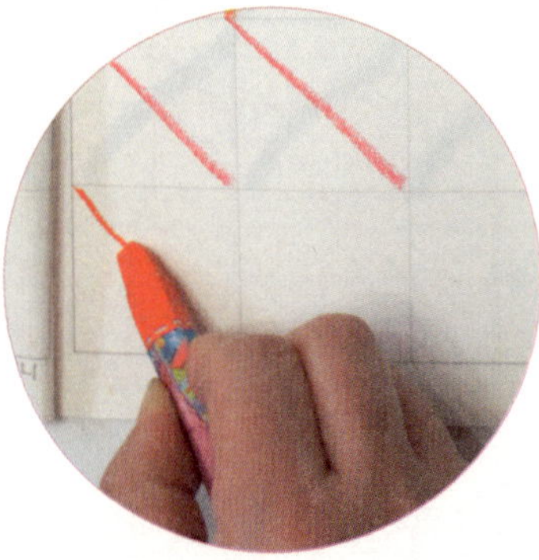

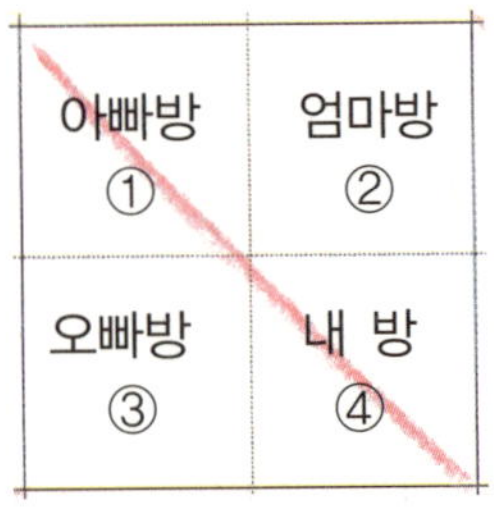

① 엄지와 검지를 이용하여 잡고 첫번째 실선의 왼쪽 위 끝(아빠방 왼쪽 맨 위쪽 끝)에서 시작하여 둘째 실선의 아래쪽 끝(내 방 오른쪽 맨 아래)을 향하여 긋는다.

② 실선을 기준으로 면을 살펴보는 안목을 기른다. 실선 한 칸 안에는 점선으로 이루어진 네 개의 방(칸)이 있어요.

③ 첫번째 실선 왼쪽 위 끝(아빠방 맨 왼쪽 끝)에서 시작하여 ①번과 같이 긋는다.

이부자리 정리해요	밥 먹어요	이 닦지요	옷을 단정하게 입어요	신발도 예쁘게 신어요	변덕쟁이 비가 내려요 2도 했어요	엄마 ! 다 했어요

▸ 어린이가 직접 기록해요(매우 잘함, 잘함, 보통)

번호는 그리는 순서임

① ② ③ ④

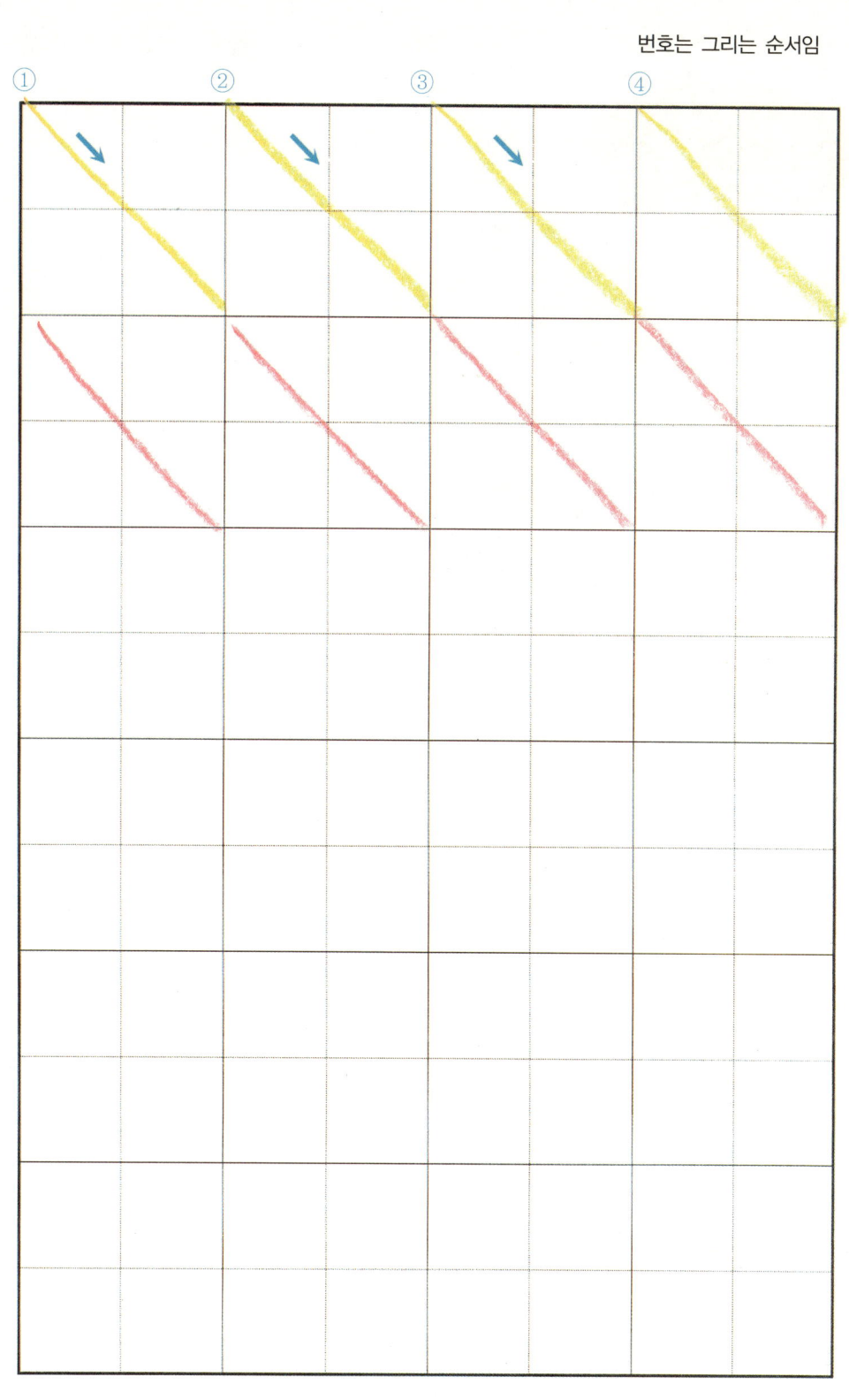

20 년 (　　)월 (　　)일 (　　)요일

미끄럼틀 그리기

재료 : 크레파스

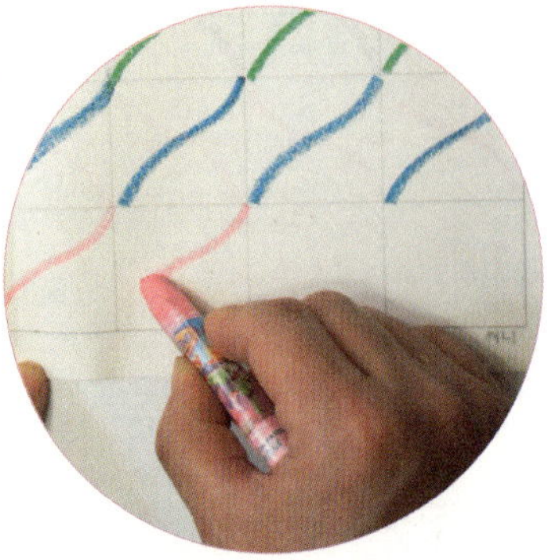

① 엄지와 검지를 이용하여 잡고 엄마방의 오른 쪽 위쪽 끝에서 시작하여 점선이 모이는 가운데 지점를 통과하여 미끄럼 타듯이 오빠방의 아래쪽 끝을 향하여 긋는다.

② 두 번 째 집 엄마방 오른 쪽 위 끝에서 시작하여 ①번과 같이 가운데 점선이 모이는 곳을 통과하여 미끄럼 타듯이 오빠방 왼쪽 아래로 긋는다

이부자리 정리해요	밥 먹어요	이 닦지요	옷을 단정하게 입어요	신발도 예쁘게 신어요	미끄럼틀 그리기도 했어요	엄마! 다 했어요

▸ 어린이가 직접 기록해요(매우 잘함, 잘함, 보통)

번호는 그리는 순서임

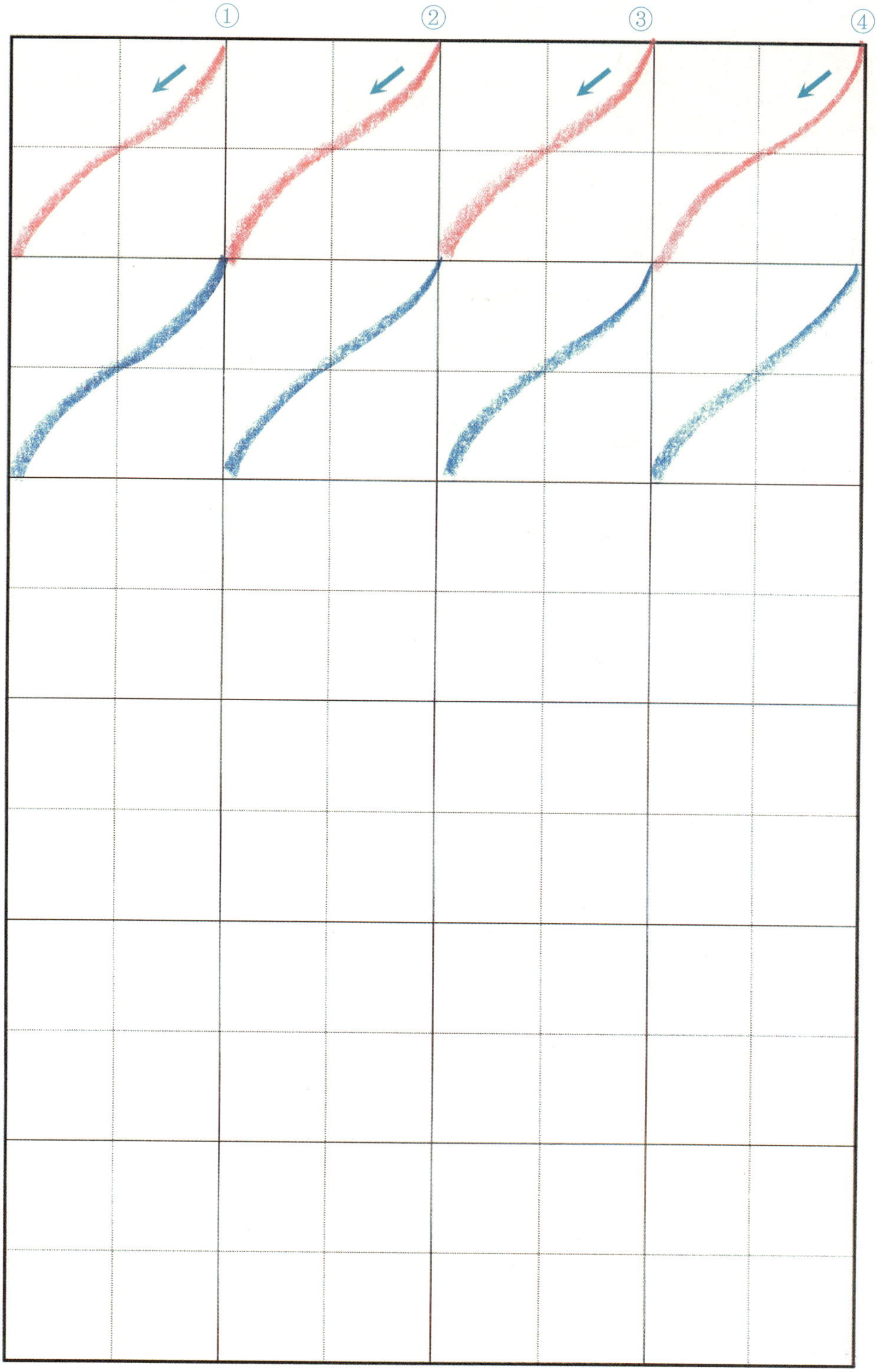

20　　년 (　　)월 (　　)일 (　　)요일

슬라이딩 그리기

재료 : 크레파스

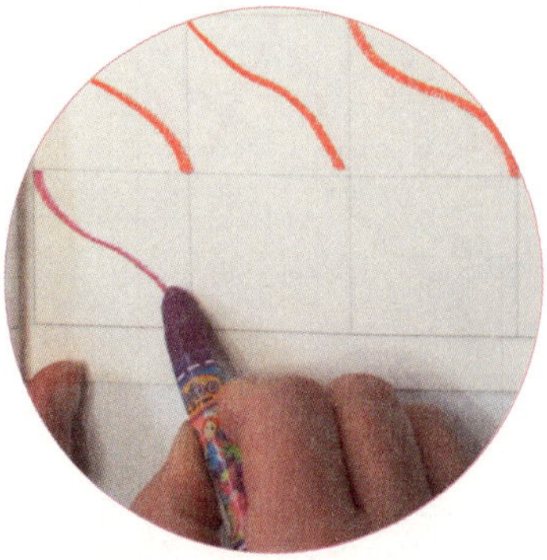

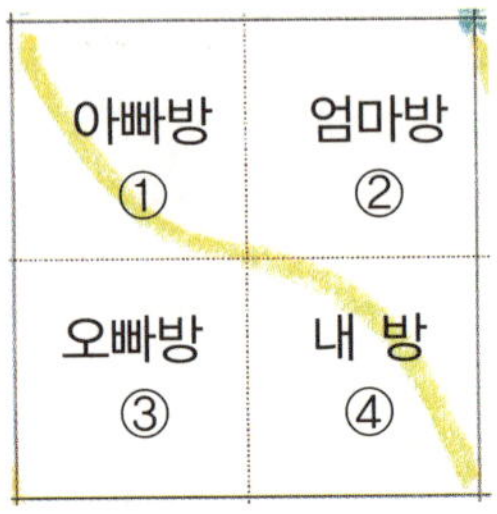

① 엄지와 검지를 이용하여 잡고 아빠방 왼쪽 맨 위 끝에서 시작하여 점선이 모이는 가운데를 슬라이딩 하듯이 통과하여 내방 오른쪽 끝까지 슬라이딩 하듯이 긋는다.

② 두 번 째집　아빠방 왼쪽 위 끝에서 시작하여 ①번과 같이 가운데 점선이 모이는 곳을 슬라이딩하듯이 통과하여 오빠방 아래로 긋는다.

이부자리 정리해요	밥 먹어요	이 닦지요	옷을 단정하게 입어요	신발도 예쁘게 신어요	슬라이딩 그리기도 했어요	엄마 ! 다 했어요

▸ 어린이가 직접 기록해요(매우 잘함, 잘함, 보통)

번호는 그리는 순서임

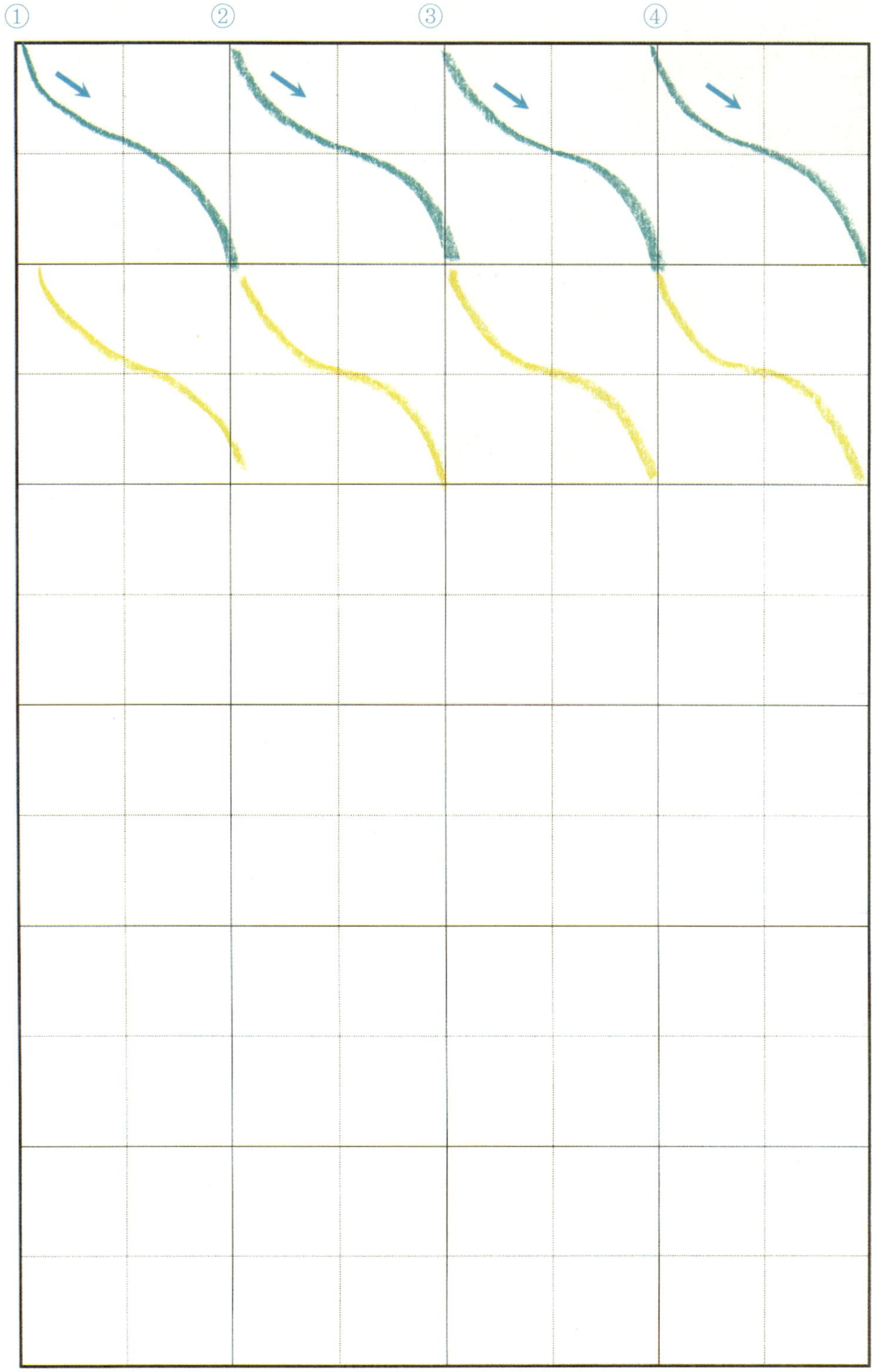

20　　년 (　　)월 (　　)일 (　　)요일

뾰족산 그리기

재료 : 크레파스

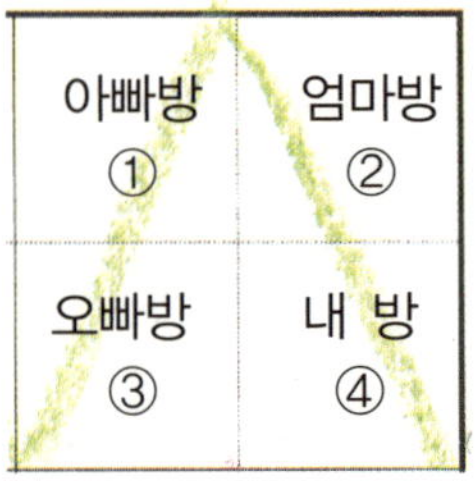

① 오빠방 왼쪽 아래 칸 끝에서 시작하여 점선이 만나는 가운데까지 떼지 않고 뾰족하게 올라갔다가 다시 내방 오른 쪽아래를 향해 내려 온다.

② 네칸 모두 크레파스를 떼지 않고 한 번에 갈 수 있어야 한다

③ 시작할 때 다음 목표지점이 어디인지 확인해 보고 목표 지점을 향하여 그려 가는 습관을 기르는 것이 좋다.

이부자리 정리해요	밥 먹어요	이 닦지요	옷을 단정하게 입어요	신발도 예쁘게 신어요	뾰족산 그리기도 했어요	엄마 ! 다 했어요

▸ 어린이가 직접 기록해요(매우 잘함, 잘함, 보통)

번호는 그리는 순서임

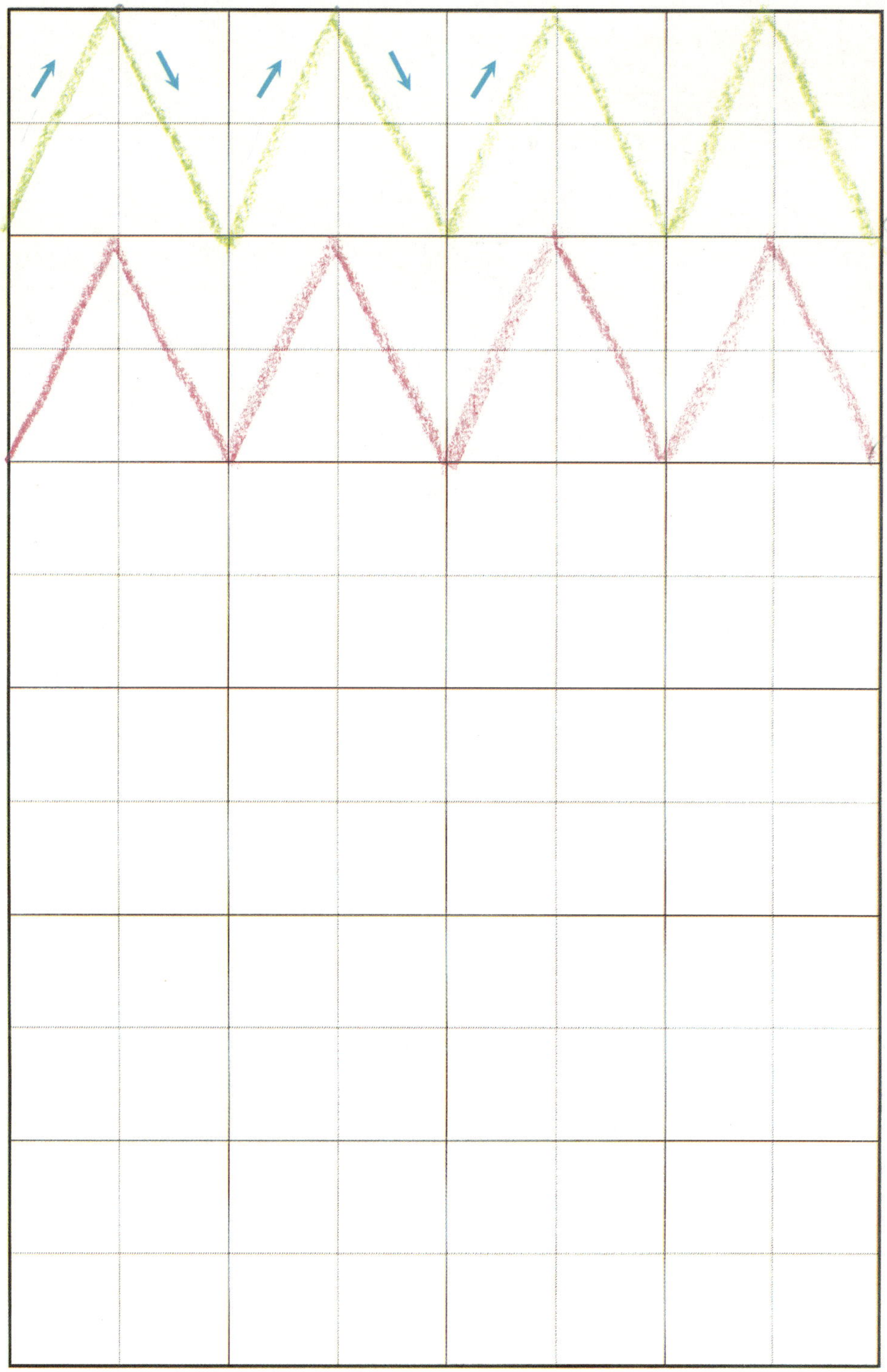

①

②

20　　년 (　　)월 (　　)일 (　　)요일

지그재그 그리기

재료 : 크레파스

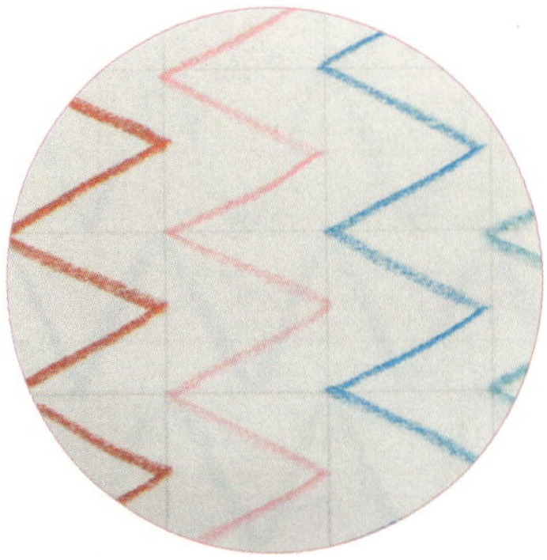

① 아빠방 맨 왼쪽 천정에서 시작하여 엄마방과 내방이 만나는 오른쪽 끝을 향하여 한 번에 갔다가 방향을 바꾸어 오빠방 왼쪽 바닥 끝까지 간다.

② 위 ①번을 한 후 크레파스를 떼지 않고 다시 처음부터 끝까지 똑같이 한 번에 완성한다.

③ 모두 4번을 쉬지 않고 하되 색상을 다양하게 바꾸어도 좋다

④ 하다가 틀릴 수 있으나 다시 면과 면을 잘 살펴보고 틀린 지점에서 고쳐 할 수 있도록 한다

이부자리 정리해요	밥 먹어요	이 닦지요	옷을 단정하게 입어요	신발도 예쁘게 신어요	지그재그 그리기도 했어요	엄마 ! 다 했어요

▸ 어린이가 직접 기록해요(매우 잘함, 잘함, 보통)

번호는 그리는 순서임

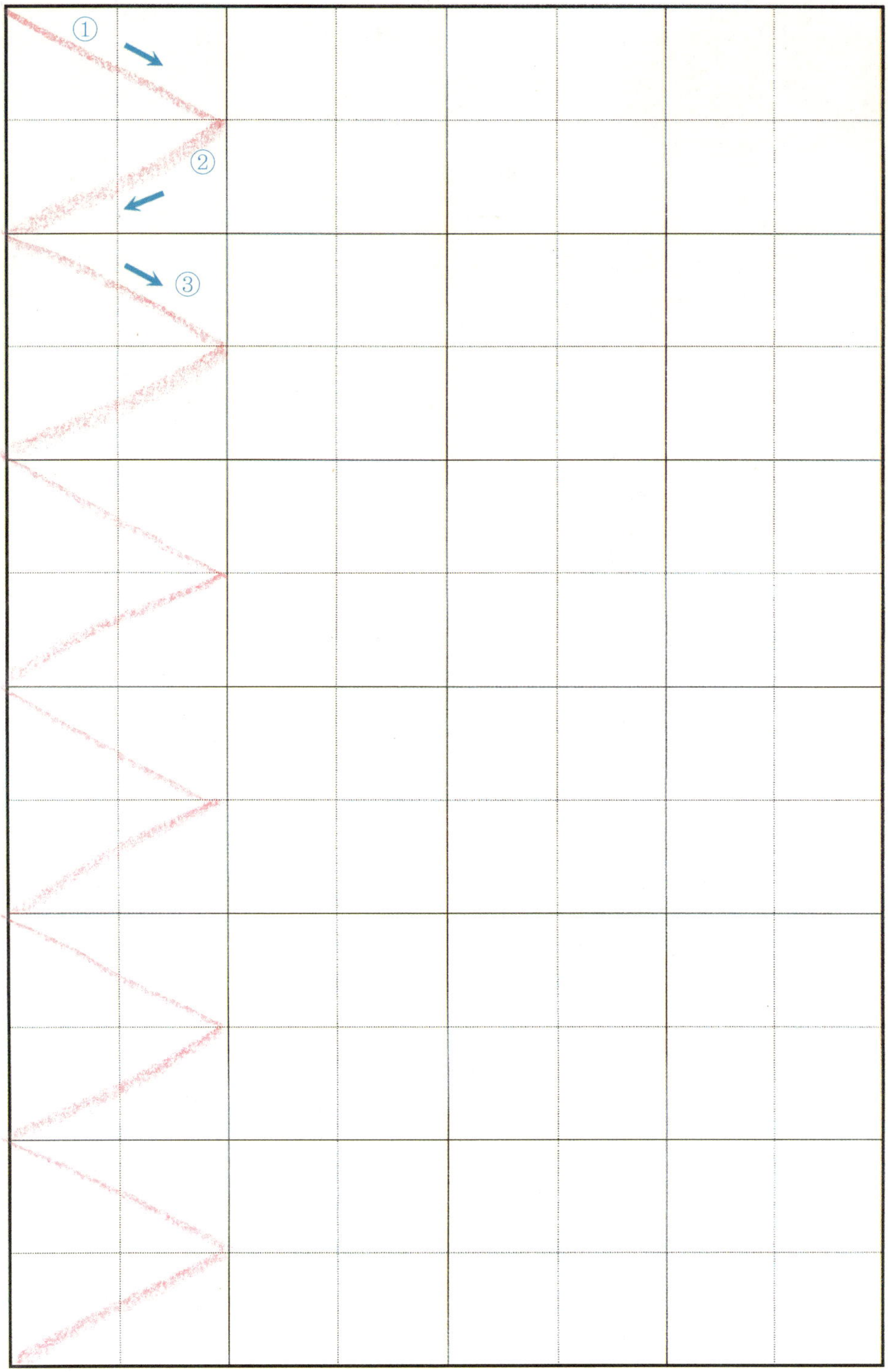

20 년 ( )월 ( )일 ( )요일

산 봉우리 그리기

재료 : 크레파스

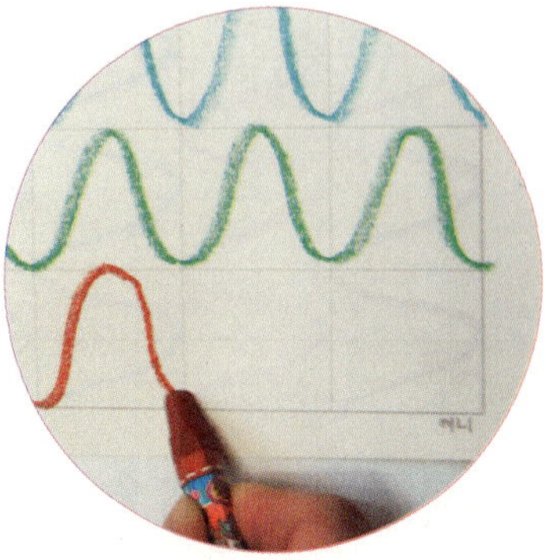

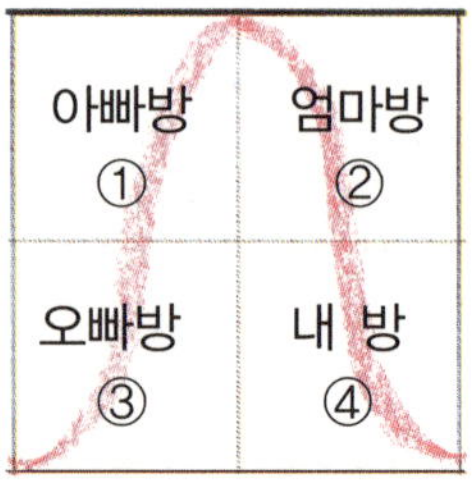

① 기억해 보세요. 미끄럼틀과 슬라이딩 그렸던 일. 방향이 반대이면서 그리는 순서는 뾰족산 그리기와 같답니다.

② 각각 다른 색으로 여섯 번을 완성해 보세요.
매우 예쁜 모양을 발견할 수 있습니다.

③ 급하게 대충 빨리 해버리려는 마음이 있어 선 긋기에 어려움이 있는 어린이가 있습니다. 호흡을 깊게 천천히 해본 후 다시 시작하도록 해 보세요. 호흡만 해도 한결 차분할 수 있습니다.

이부자리 정리해요	밥 먹어요	이 닦지요	옷을 단정하게 입어요	신발도 예쁘게 신어요	산 봉우리 그리기도 했어요	엄마 ! 다 했어요

▸ 어린이가 직접 기록해요(매우 잘함, 잘함, 보통)

번호는 그리는 순서임

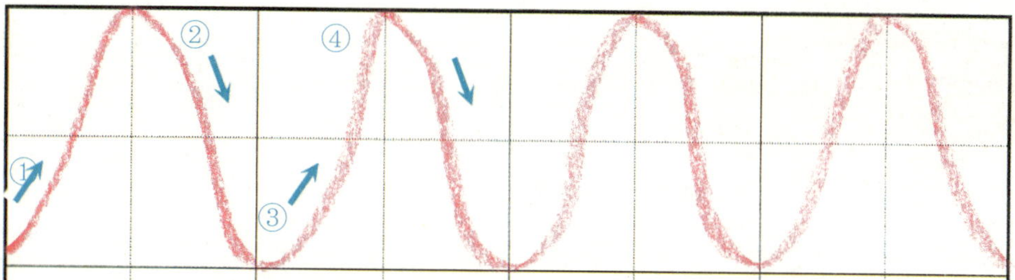

20 년 ( )월 ( )일 ( )요일

부드러운 지그재그 그리기

재료 : 크레파스

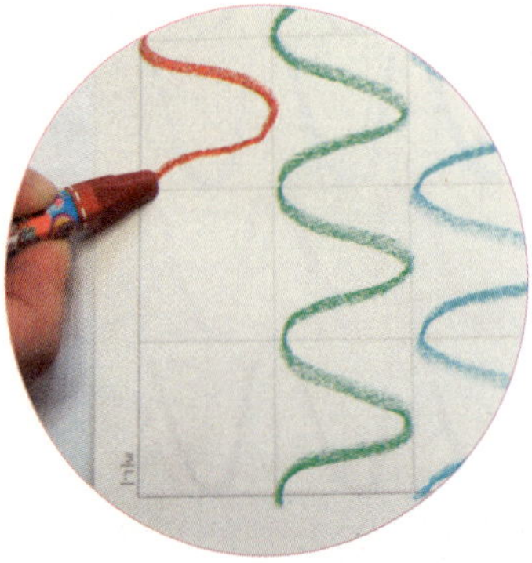

① 스키를 처음 배울 때 이렇게 내려 오지요. 스키 배우는 장면을 속으로 생각하며 크레파스를 잡고 슬러프를 내려와 보세요. 내려오다 멈추면 넘어지겠지요? 멈췄다가 다시 자세를 가다듬으면 크레파스로 두 번 칠하게 됩니다.

② 네 번의 슬러프를 잘 인내하며 내려오면 성공입니다.

③ 색상을 다양하게 하면 더 예쁩니다

이부자리 정리해요	밥 먹어요	이 닦지요	옷을 단정하게 입어요	신발도 예쁘게 신어요	부드러운 지그재그 그리기도 했어요	엄마 ! 다 했어요

▸ 어린이가 직접 기록해요(매우 잘함, 잘함, 보통)

번호는 그리는 순서임

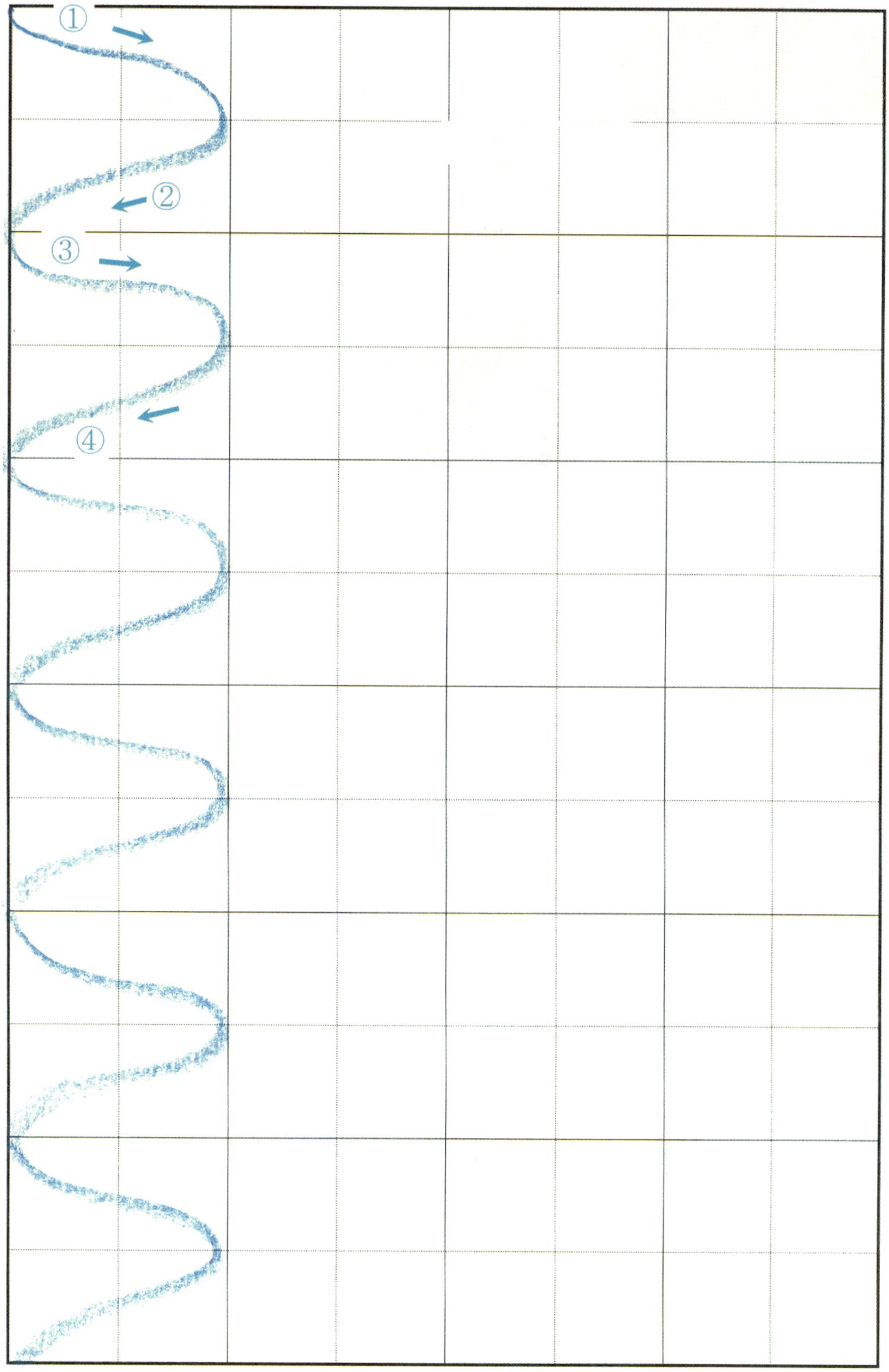

20 년 ( )월 ( )일 ( )요일

가로 용수철 그리기

재료 : 크레파스

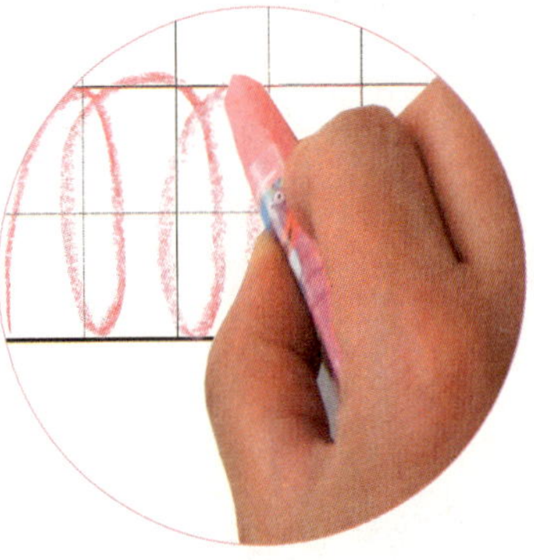

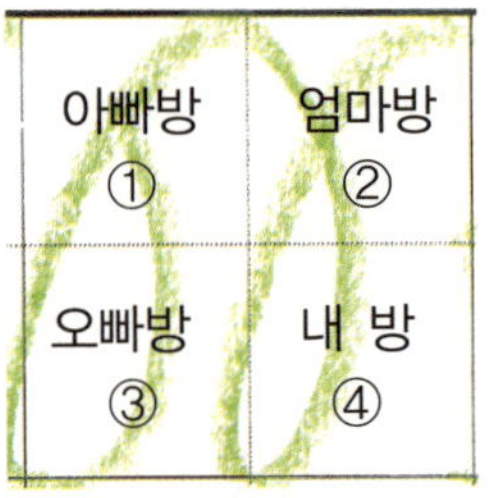

① 이제 아시겠지요? 가로선 긋기의 시작은 어디인지 쉽게 시작할 수 있어야 합니다.

② 오빠방 맨 아래 왼쪽 끝에서 아빠방과 엄마방이 만나는 점선의 가장 높은 곳을 향하여 갔다가 내려오면서 아랫 점선을 만나면 한번 방향을 바꾸어야 합니다. 그리고는 떨어지는 물방울 같은 모양 하나 만들고 다시 반복하여야 합니다.

③ 크레파스를 잡고 모양을 생각하며 반복되는 선을 그리는 것입니다.

④ 떨어지는 물방울의 모양과 크기가 비슷하거나 일정하면 매우 훌륭하게 그린 것입니다.

이부자리 정리해요	밥 먹어요	이 닦지요	옷을 단정하게 입어요	신발도 예쁘게 신어요	가로 용수철 그리기도 했어요	엄마 ! 다 했어요

▸ 어린이가 직접 기록해요(매우 잘함, 잘함, 보통)

번호는 그리는 순서임

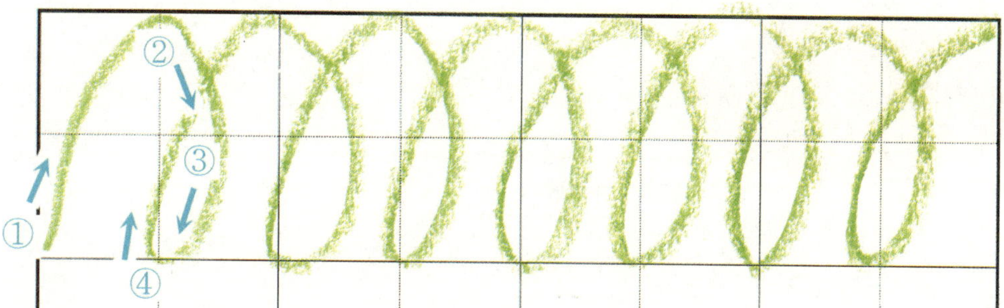

20 년 ( )월 ( )일 ( )요일

세로 용수철 그리기

재료 : 크레파스

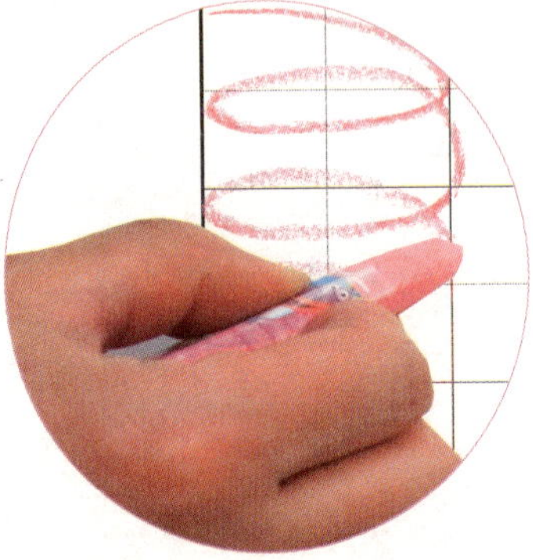

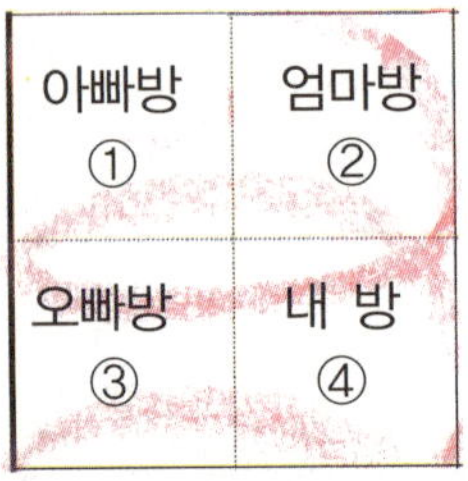

① 세로선 긋기의 시작은 어디인지 알 수 있겠지요?

② 보드 타는 모습을 생각해 보셔요 기초 보드를 타는 사람이 평탄한 길을 내려오다가 한번 방향을 바꿀 때는 뛰지요?

③ 크레파스를 잡고 엄마방과 내 방이 만나는 오른 쪽 점선의 끝을 생각하며 목표를 생각하며 반복되는 선을 그리는 것입니다.

이부자리 정리해요	밥 먹어요	이 닦지요	옷을 단정하게 입어요	신발도 예쁘게 신어요	세로 용수철 그리기도 했어요	엄마 ! 다 했어요

▸ 어린이가 직접 기록해요(매우 잘함, 잘함, 보통)

번호는 그리는 순서임

20　　년 (　　)월 (　　)일 (　　)요일

달팽이 그리기

재료 : 크레파스

① 이제 가로 세로 선 긋기가 끝나고 새로운 모양입니다

② 아빠방과 엄마방이 만나는 점선 가운데 가장 최고점을 찾아 시작합니다

③ 아빠방과 오빠방이 만나는 왼쪽 점선까지 갔다가 다시 오빠방과 내방이 만나는 맨 아래쪽까지 이르지요. 이번에는 엄마방과 내방이 만나는 가장 오른쪽 끝을 지나 다시 아래쪽 끝을 향해 나아갑니다

④ 오른 쪽 끝에서 올라갈 때에는 시작한 점 보다 조금 아래부분으로 말려 들어가야 합니다.

⑤ 가운데 부분을 그릴 때에도 먼저 그렸던 선과 일정한 간격을 유지하여 그리는 것이 요령입니다.

⑥ 각각 다른 색으로 한 쪽을 다 그리고 나면 눈이 뱅글뱅글 도는 것을 느낄 수도 있습니다. 하지만 하나하나 각각의 모양을 소중하게 생각하며 그리는 것 꼭 기억하세요.

이부자리 정리해요	밥 먹어요	이 닦지요	옷을 단정하게 입어요	신발도 예쁘게 신어요	달팽이 그리기도 했어요	엄마 ! 다 했어요

▸ 어린이가 직접 기록해요(매우 잘함, 잘함, 보통)

번호는 그리는 순서임

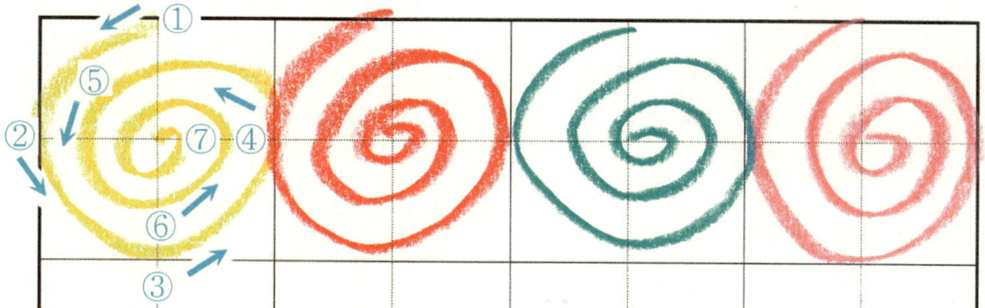

20　　년 (　　)월 (　　)일 (　　)요일

홀소리(모음) "ㅡ" 쓰기

준비물 : 12색 색연필

"ㅡ" 가 들어 가는 낱말

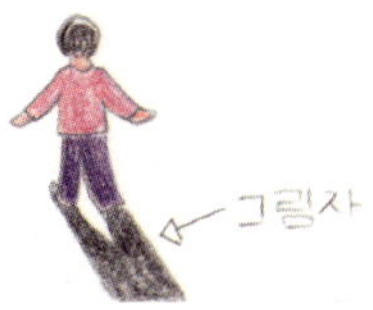

그림자

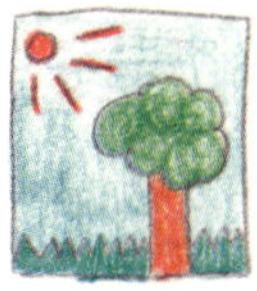

그림

아이스크림

아빠방 ①	엄마방 ②
오빠방 ③	내 방 ④

우리 집 네 개의 방 기억하지요? 아빠방 ① 과 엄마방 ②, 오빠방 ③과 내방 ④ 말이예요. 이 방의 위치는 바뀌지 않으니 꼭 기억하도록 해요.

① 검정색 색연필로 오빠방 왼쪽 벽에서 내 방 오른쪽 벽까지 닿을락 말락할 때까지 써야 합니다

② 쓸 때에는 시작할 때 손에 힘을 주어 시작하고, 마지막에도 힘을 주어 멈추어야 합니다. 힘주어 시작하고 힘주어 끝맺는 것을 "힘주어 쓰기"라고 합니다

이부자리 정리해요	밥 먹어요	이 닦지요	옷을 단정하게 입어요	신발도 예쁘게 신어요	"ㅡ" 쓰기도 했어요	엄마 ! 다 했어요

▸ 어린이가 직접 기록해요(😊 매우 잘함, 🙂 잘함, 🙁 보통)

번호는 그리는 순서임

①

②

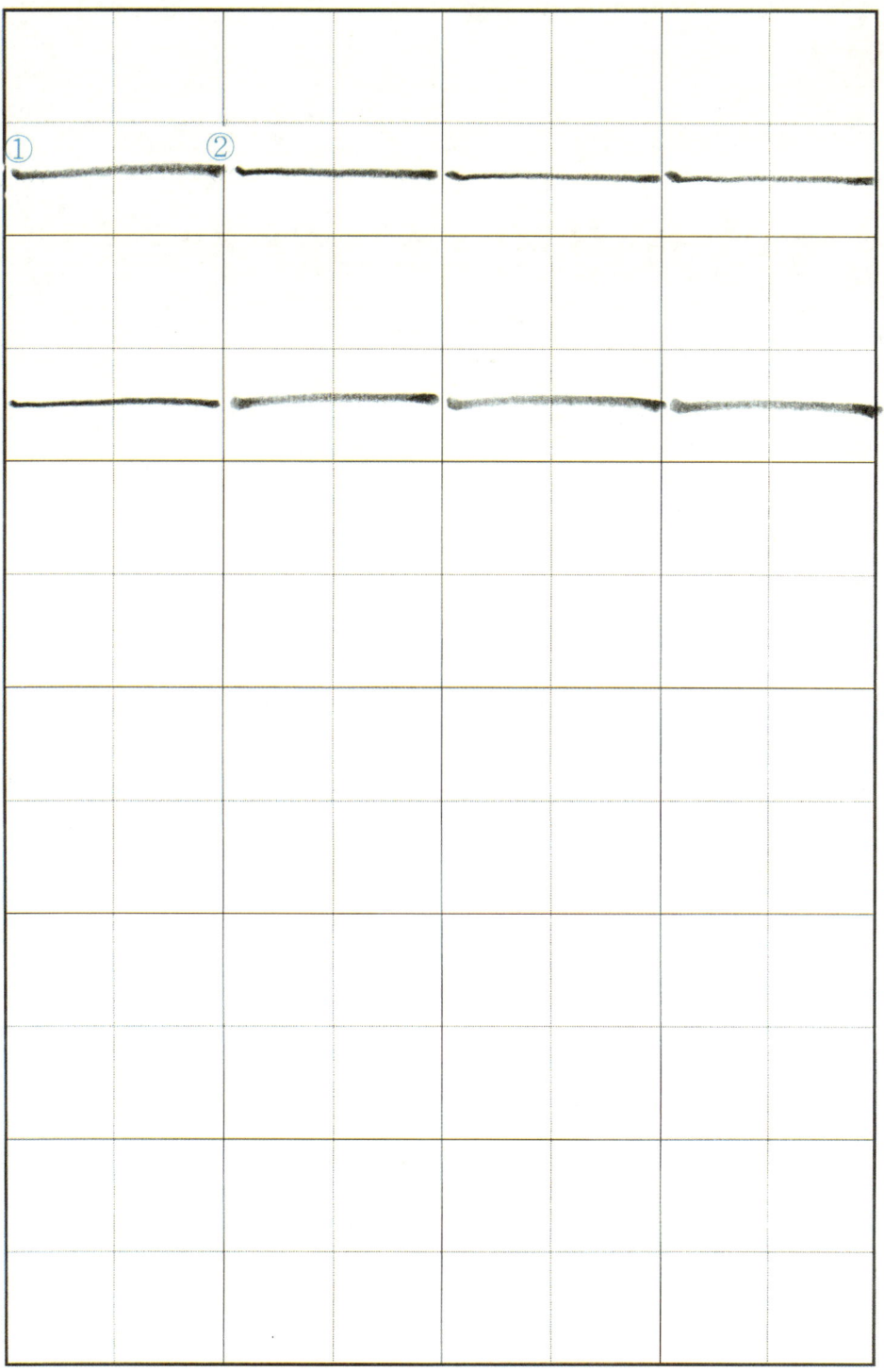

색연필은 꼭 순서에 맞게 정해진 색으로 써야 해요

이제부터

①번 색연필은 검정,
②번 색연필은 빨강,
③번 색연필은 파랑,
④번 색연필은 초록

으로 정해 두고 쓰겠습니다. 이유를 아시겠지요? 글씨쓰는 획순의 순서를 명확히 알도록 하기 위하여 색연필의 색상을 달리 하였습니다. 지도할 때 색 바꾸기를 귀찮아 하며 한 가지 색으로 쓰려는 어린이가 종종 있습니다. 그러나 이 규칙을 지키는 것이 다소의 인내심이 요구되지만 처음 습관을 들일 때 시간이 조금 더 걸리더라도 정확하고 바르게 지도할 필요가 있습니다. 습관은 평생 가니까요.

'홀소리' (모음)란?

'홀소리'는 혀가 입 안의 어느 부분에 닿지 않고 입술 모양만 변하며 나는 소리, 즉 홀로 나는 소리라 하여 '홀소리'라 합니다. 홀소리는 세종대왕이 한글을 만들 때 어떻게 만들까 궁리를 많이 하였답니다. 닿소리처럼 발음기관을 본떠서 만들 수도 없어서 소리 낼 때 '•'는 하늘을 나타내고, 'ㅡ'는 땅을 나타내며, 하늘과 땅 사이에 사람이 살고 있어 'ㅣ'는 사람을 상징하여 글자를 만들었다고 합니다. 'ㅏ'하고 외쳐 보세요. 입을 크게 벌리고 목청에서 소리를 내면 'ㅏ'소리가 나지요. 우주 만물의 공기를 다 들이마시고 하늘을 바라보며 낼 수 있는 소리랍니다. 세종대왕께서 이 우주를 구성하고 있는 가장 근본이 되는 요소 세 가지인 '하늘, 땅, 사람'의 모습을 본 떠 홀소리(모음) 글자를 만드신 것이지요. 이 사실을 알고 보면 모음(母音)이라는 말을 사용하는 것보다 "홀소리" 라는 말을 사용하는 것이 이해가 더 쉽겠지요.

20 년 ( )월 ( )일 ( )요일

홀소리(모음) "ㅣ" 쓰기

준비물 : 12색 색연필

" ㅣ " 가 들어 가는 낱말

기러기

이야기 책

이(입 안의)

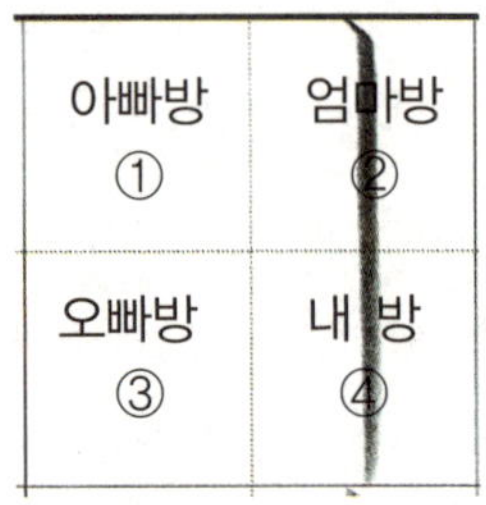

① 검정색 색연필로 엄마방 천정에서 내 방 바닥까지 닿을락 말락할 때까지 써야 합니다

② 시작하여 쓸 때에는 손에 힘을 주어 시작하고, 마지막 끝까지 내려 그을 때에는 힘을 빼야 합니다. 힘주어 시작했지만 끝맺을 때에는 "힘빼서 쓰기"해야 하는 것 기억 하세요

이부자리 정리해요	밥 먹어요	이 닦지요	옷을 단정하게 입어요	신발도 예쁘게 신어요	"ㅣ" 쓰기도 했어요	엄마 ! 다 했어요

▸ 어린이가 직접 기록해요(매우 잘함, 잘함, 보통)

번호는 그리는 순서임

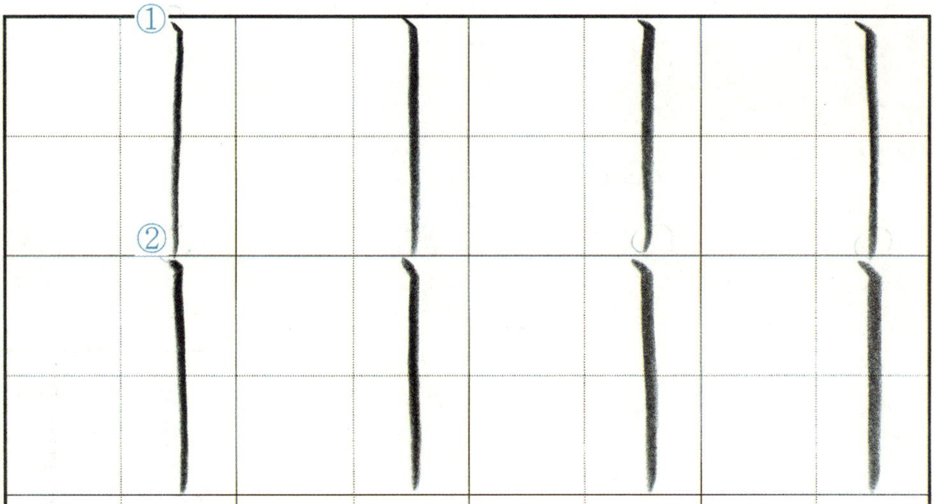

20　　년 (　　)월 (　　)일 (　　)요일

홀소리(모음) "ㅏ" 쓰기

준비물 : 12색 색연필

"ㅏ"가 들어 가는 낱말

아빠,

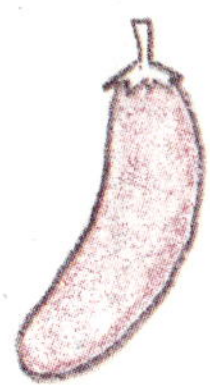

가지

아기

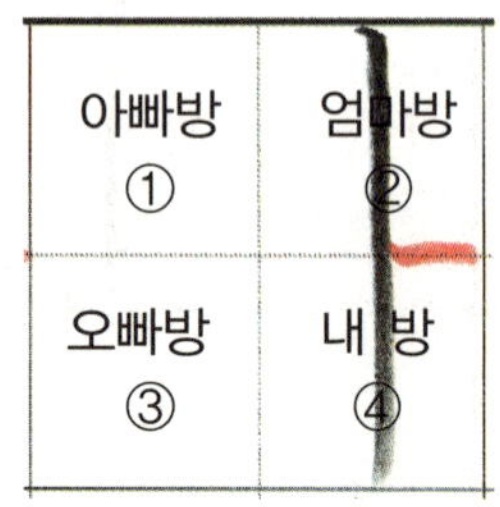

① ㅣ쓸 때와 같습니다. 검정색 색연필로 쓰는 것입니다. 다만 엄마방과 내 방의 경계를 이루는 점선에서 ㅡ 를 힘주어 써야 합니다. ㅡ 는 빨간색 색연필로 씁니다.

② "ㅡ"는 짧지만 쓰는 순서는 "ㅡ"같이 힘주어 쓰기 시작하여 힘주어 끝맺음 하는 것 잊지 마세요

이부자리 정리해요	밥 먹어요	이 닦지요	옷을 단정하게 입어요	신발도 예쁘게 신어요	"ㅏ" 쓰기도 했어요	엄마 ! 다 했어요

▸ 어린이가 직접 기록해요(매우 잘함, 잘함, 보통)

번호는 그리는 순서임

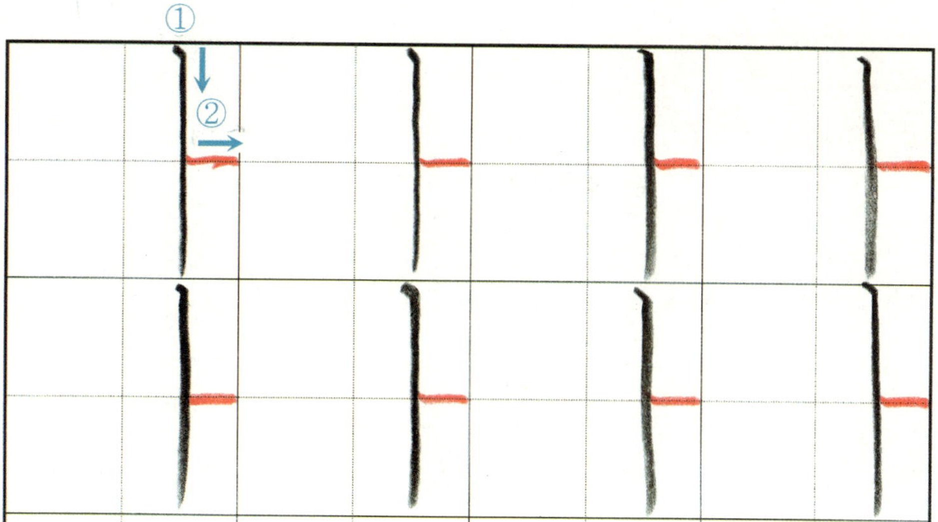

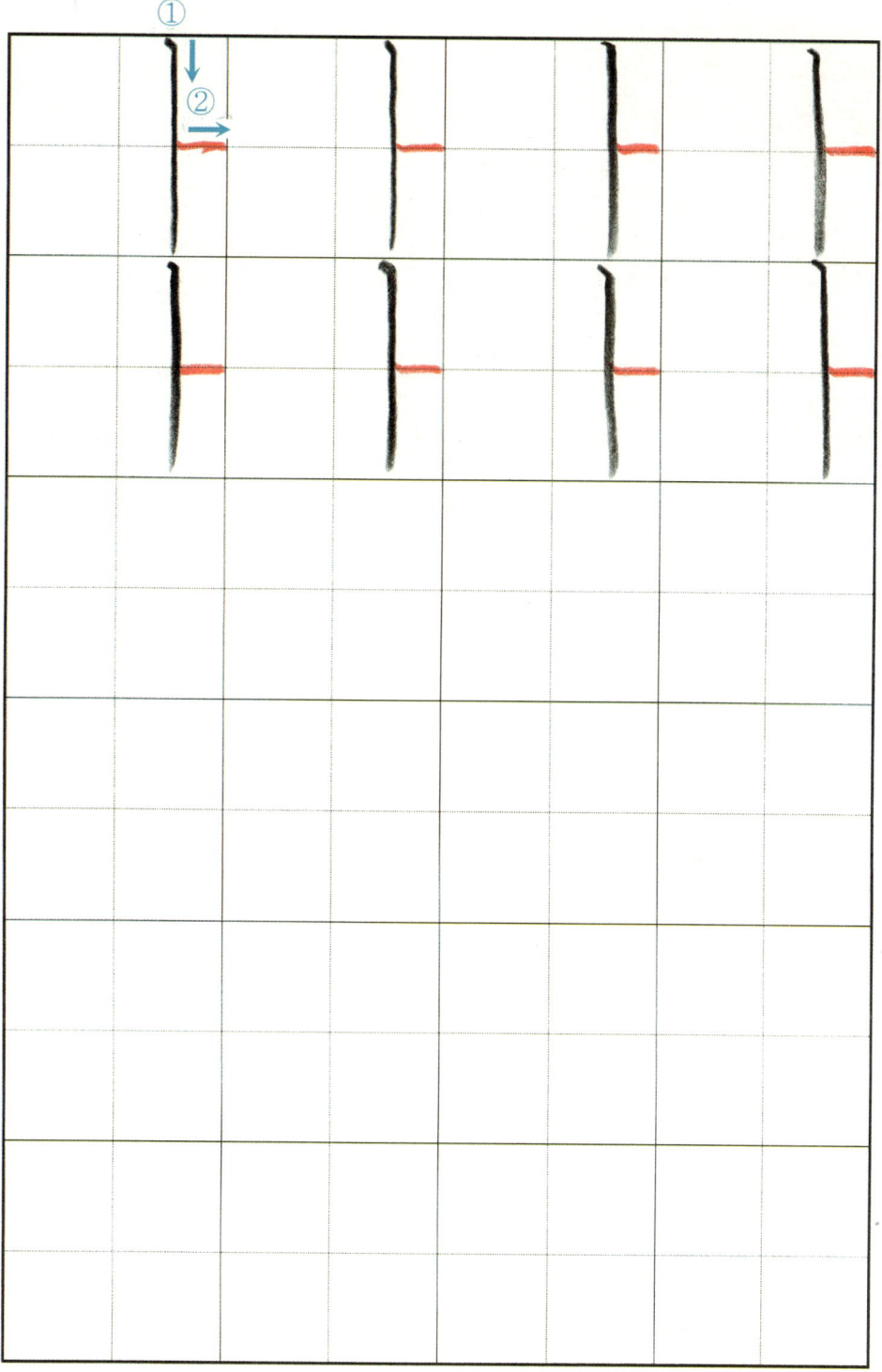

20　　년 (　　)월 (　　)일 (　　)요일

홀소리(모음) "ㅓ" 쓰기

준비물 : 12색 색연필

" ㅓ "가 들어 가는 낱말

어머니

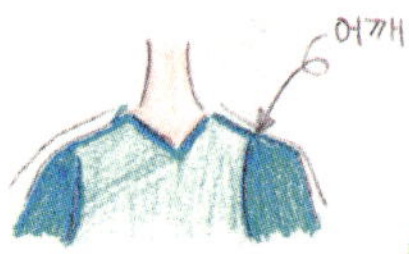

어깨

어부

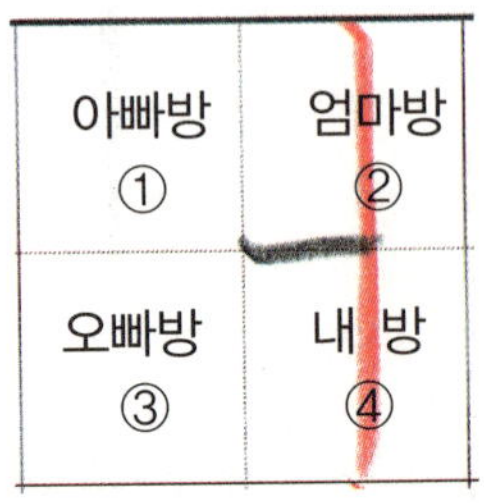

① 네 개의 방이 만나는 가운데에서 시작하여 검정색 색연필로 짧은 "ㅡ"를 엄마방과 내 방의 경계를 이루는 점선 반 정도만 힘주어 씁니다.

② 빨간 색연필로 "ㅣ"를 힘주어 쓰기 시작하여 끝부분에서 힘 빼며 쓰는 것 잊지 마세요

이부자리 정리해요	밥 먹어요	이 닦지요	옷을 단정하게 입어요	신발도 예쁘게 신어요	"ㅓ" 쓰기도 했어요	엄마 ! 다 했어요

▸ 어린이가 직접 기록해요(매우 잘함, 잘함, 보통)

번호는 그리는 순서임

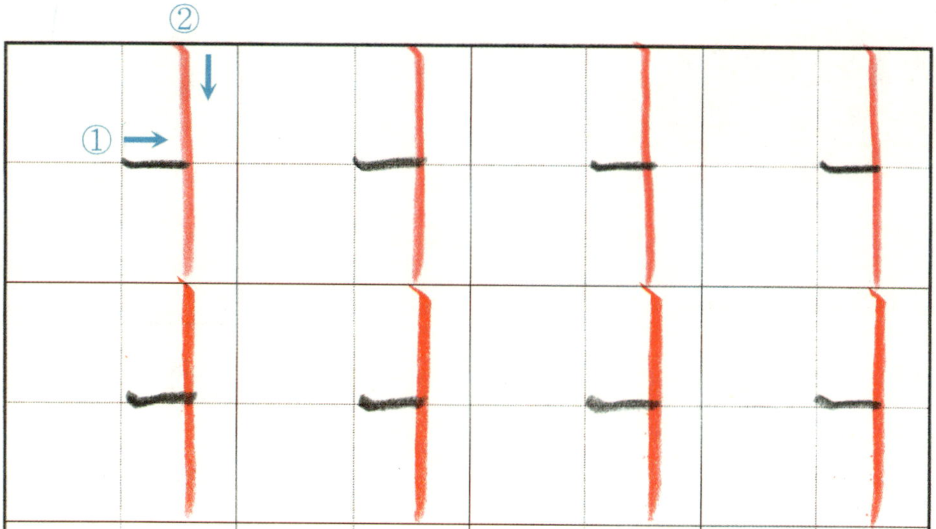

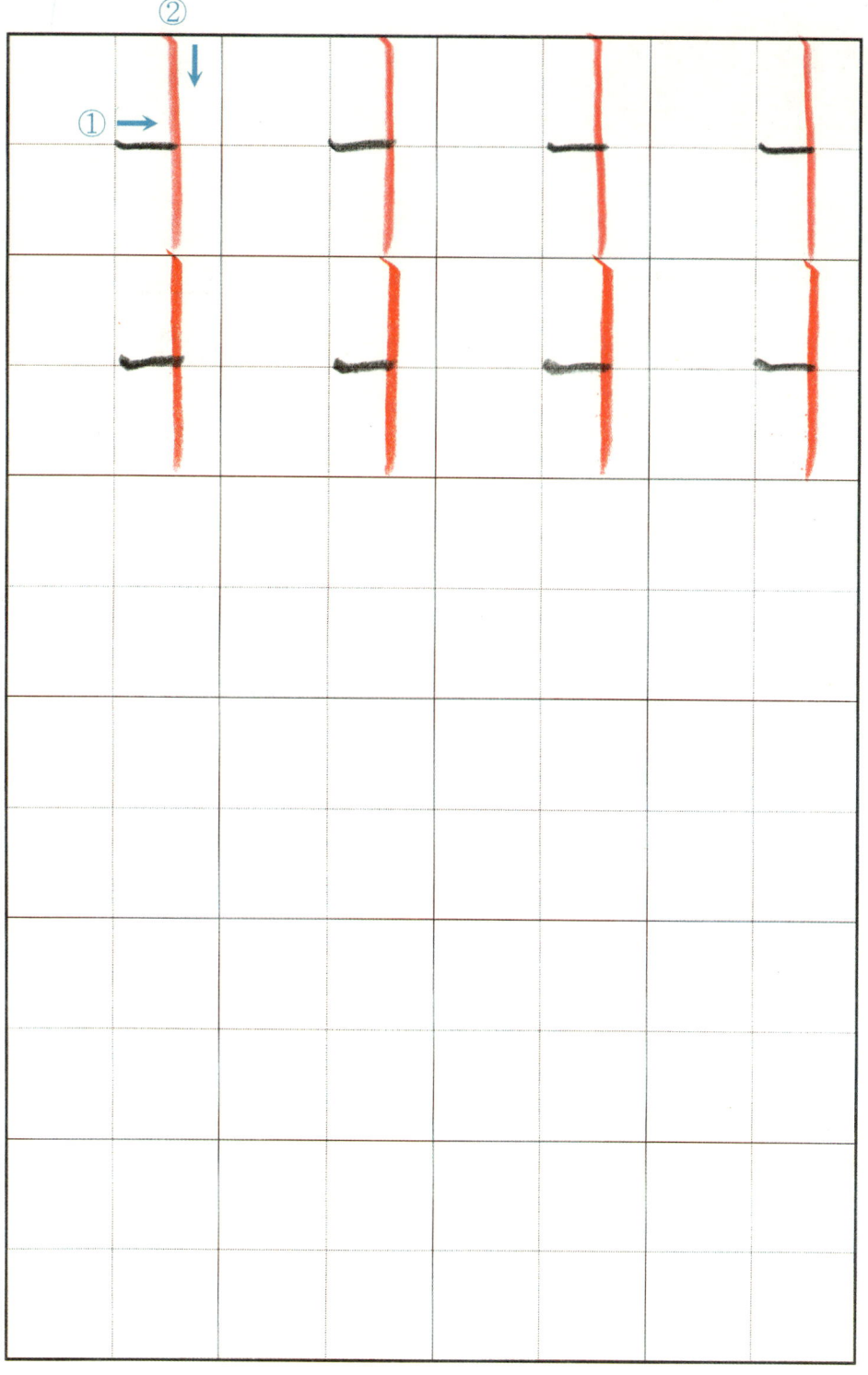

20 년 ( )월 ( )일 ( )요일

홀소리(모음) "ㅗ" 쓰기

준비물 : 12색 색연필

"ㅗ"가 들어 가는 낱말

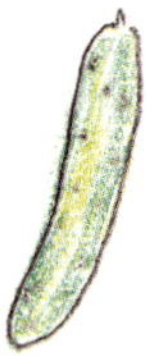

오이

호박

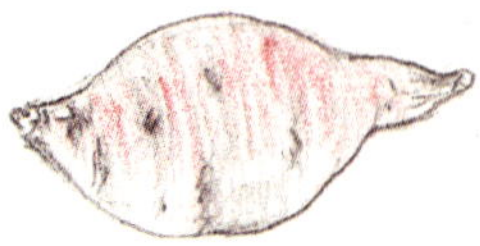

고구마

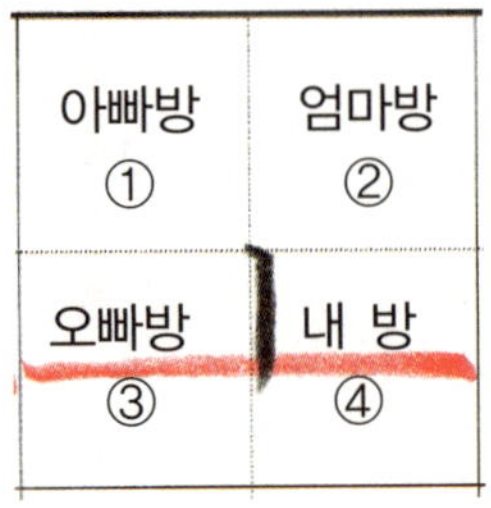

① 아빠방, 엄마방, 오빠방과 내 방이 만나는 점에서 시작합니다

② "ㅣ"를 쓸 때와 같지만 오빠방과 내방의 반까지만 내려 긋고 끝까지 힘주어 내려 긋습니다

③ "ㅡ"를 쓸 때에는 오빠방과 내방끝까지 닿을락 말락할 때까지 쓰는 것이 좋습니다

이부자리 정리해요	밥 먹어요	이 닦지요	옷을 단정하게 입어요	신발도 예쁘게 신어요	"ㅗ" 쓰기도 했어요	엄마! 다 했어요

▸ 어린이가 직접 기록해요(매우 잘함, 잘함, 보통)

번호는 그리는 순서임

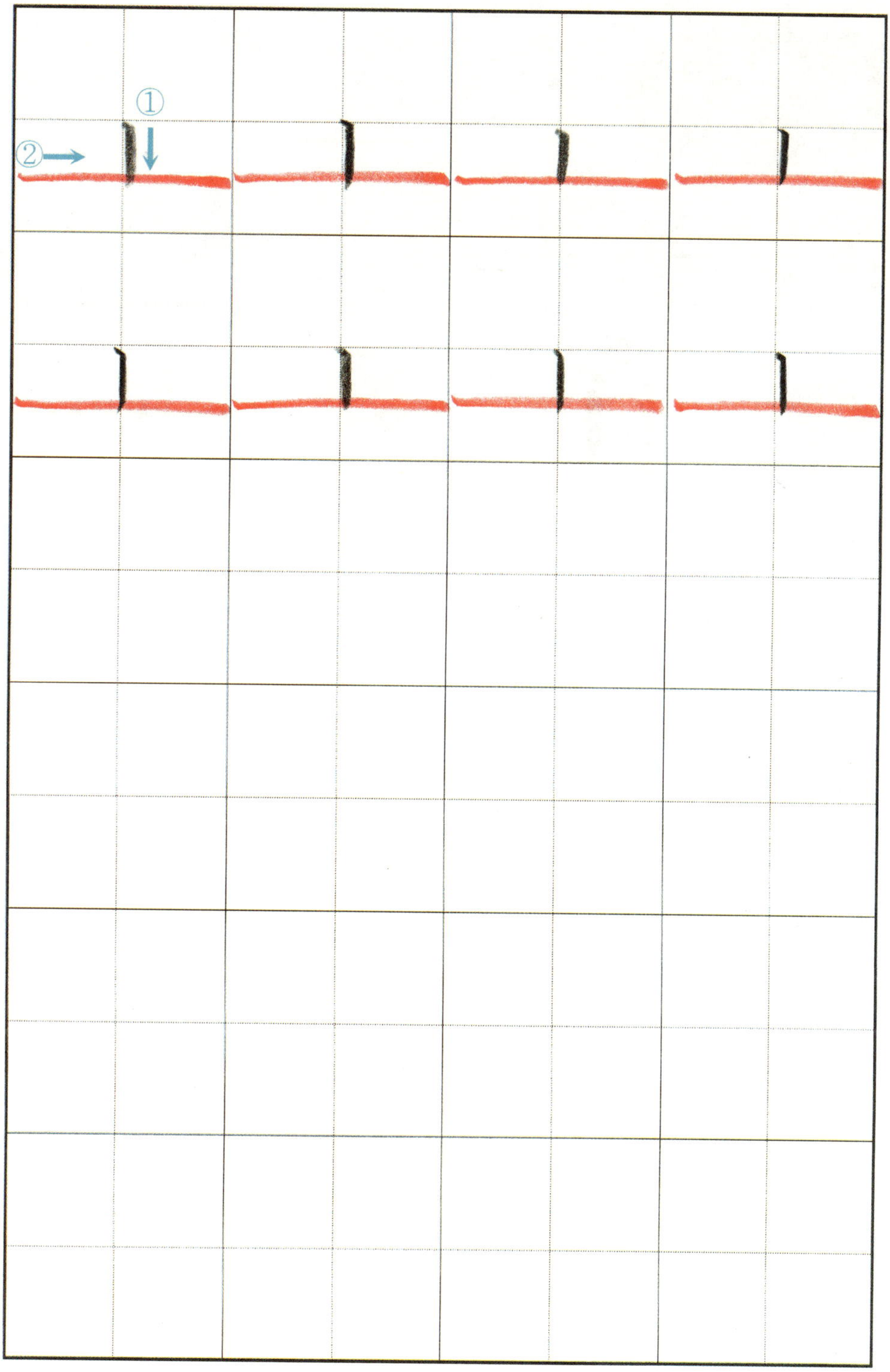

20 년 (　)월 (　)일 (　)요일

홀소리(모음) "ㅜ" 쓰기

준비물 : 12색 색연필

"ㅜ"가 들어간 낱말

우산

우주선

풍선

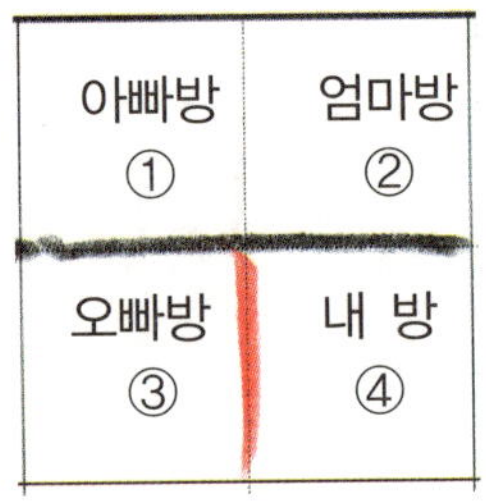

① 검정색으로 힘주어 시작하고 가운데 부분에서는 힘을 빼다가 다시 끝부분에서는 힘주어 "ㅡ"를 씁니다.

② 빨강 색연필로 네 방이 만나는 가운데 부분에서 힘주어 시작하여 "ㅣ"를 쓸 때와 같이 힘주어 내려 긋다가 끝부분에서 살짝 힘을 빼 줍니다

이부자리 정리해요	밥 먹어요	이 닦지요	옷을 단정하게 입어요	신발도 예쁘게 신어요	"ㅜ" 쓰기도 했어요	엄마 ! 다 했어요

▸ 어린이가 직접 기록해요(매우 잘함, 잘함, 보통)

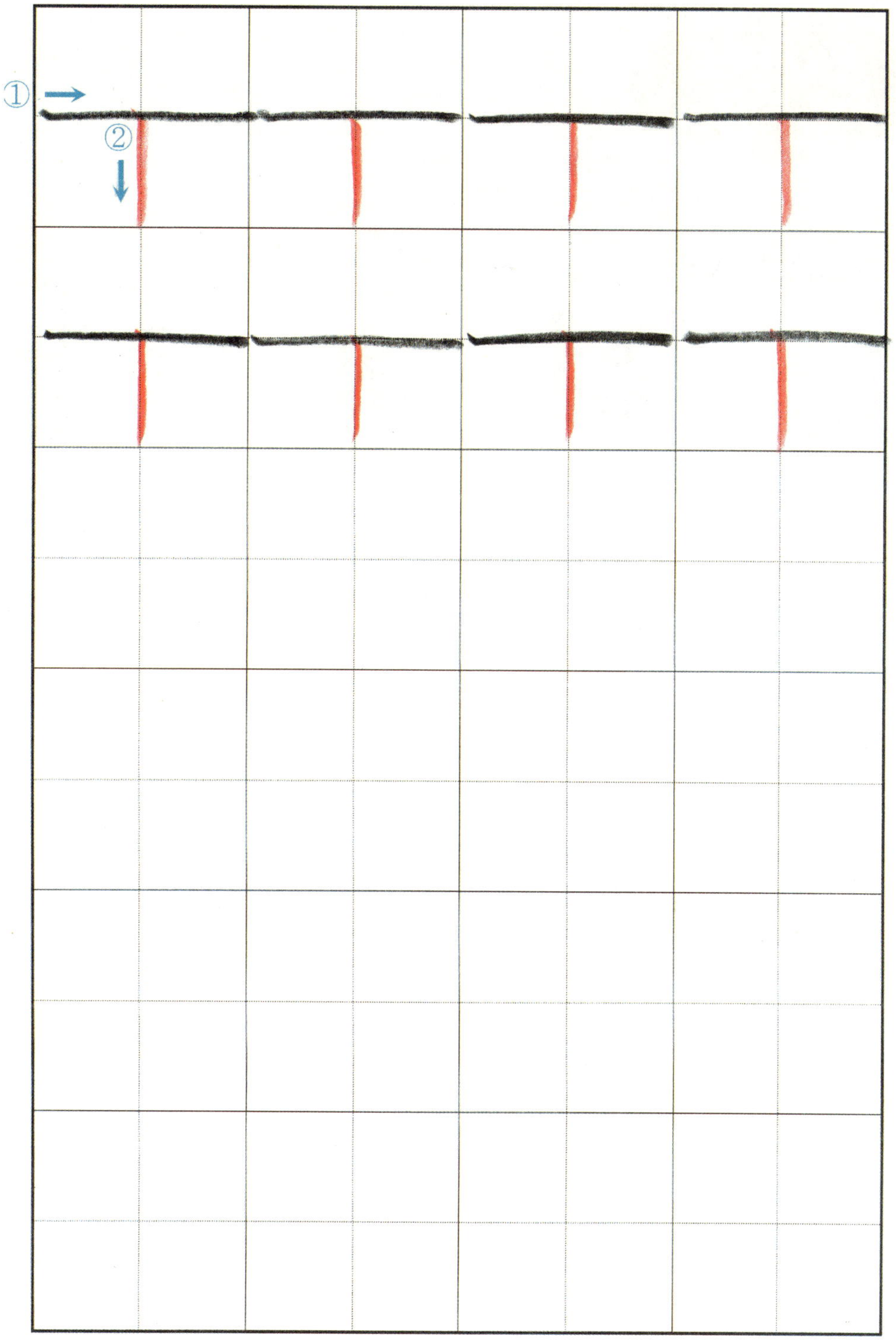
①
②

20　　년 (　　)월 (　　)일 (　　)요일

홀소리(모음) "ㅑ" 쓰기

준비물 : 12색 색연필

"ㅑ"가 들어가는 낱말

이야기책

야구

양배추

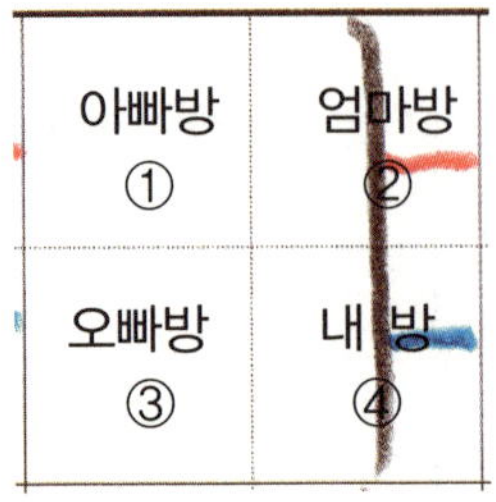

① 검정 색연필로 엄마방 천정에서 힘주어 시작하여 내방 아래 끝까지 힘을 빼며 "ㅣ"를 씁니다.

② 빨강 색연필로 엄마방의 반 지점에서 오른쪽 벽에 닿을 때까지 짧은 "—"를 씁니다.

③ 내 방 반 쯤되는 지점에서 파랑색연필로 ②와 같은 방법으로 씁니다.

이부자리 정리해요	밥 먹어요	이 닦지요	옷을 단정하게 입어요	신발도 예쁘게 신어요	"ㅑ" 쓰기도 했어요	엄마 ! 다 했어요

▸ 어린이가 직접 기록해요(😊 매우 잘함, 🙂 잘함, 🙁 보통)

번호는 그리는 순서임

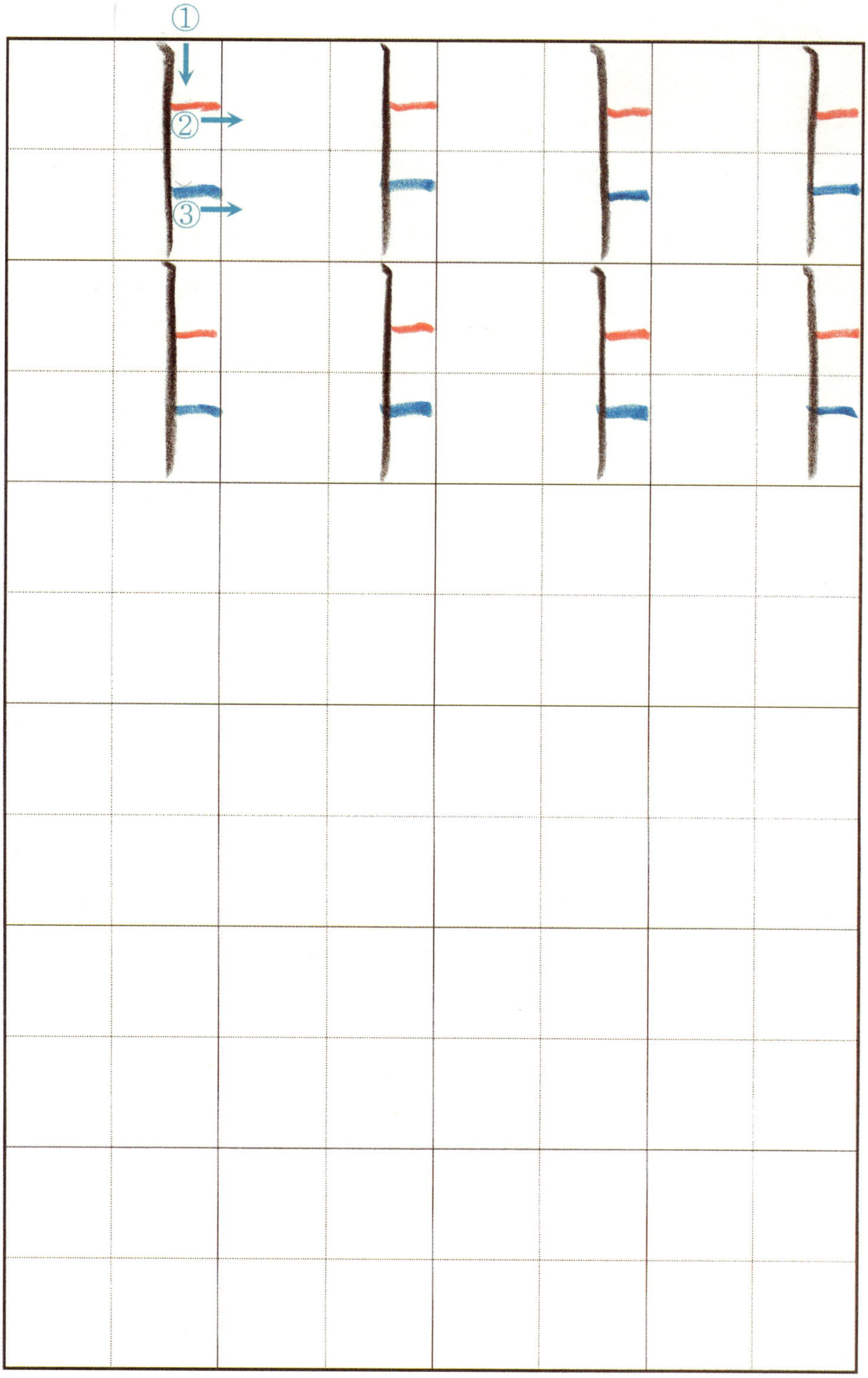

20　　년 (　　)월 (　　)일 (　　)요일

홀소리(모음) "ㅕ" 쓰기

준비물 : 12색 색연필

"ㅕ" 가 들어가는 낱말

여름

여우

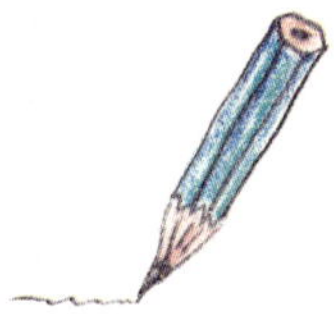

연필

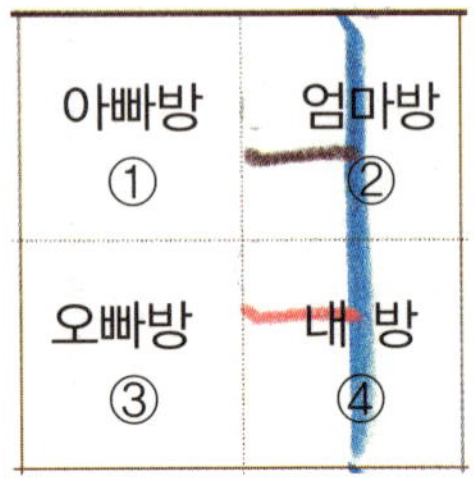

① 검정 색연필로 엄마방 왼쪽 벽 가운데 부분에서 시작하여 힘주어 "ㅡ"를 씁니다.

② 빨강 색연필로 내방 왼쪽 벽 가운데 부분에서 시작하여 힘주어 "ㅡ"를 씁니다.

③ 엄마방 천정에서 힘주어 "ㅣ"를 시작하여 내방 아래까지 힘주어 내려 긋다가 끝부분에서 힘빼며 한번에 씁니다.

이부자리 정리해요	밥 먹어요	이 닦지요	옷을 단정하게 입어요	신발도 예쁘게 신어요	"ㅕ" 쓰기도 했어요	엄마 ! 다 했어요

▸ 어린이가 직접 기록해요(매우 잘함, 잘함, 보통)

번호는 그리는 순서임

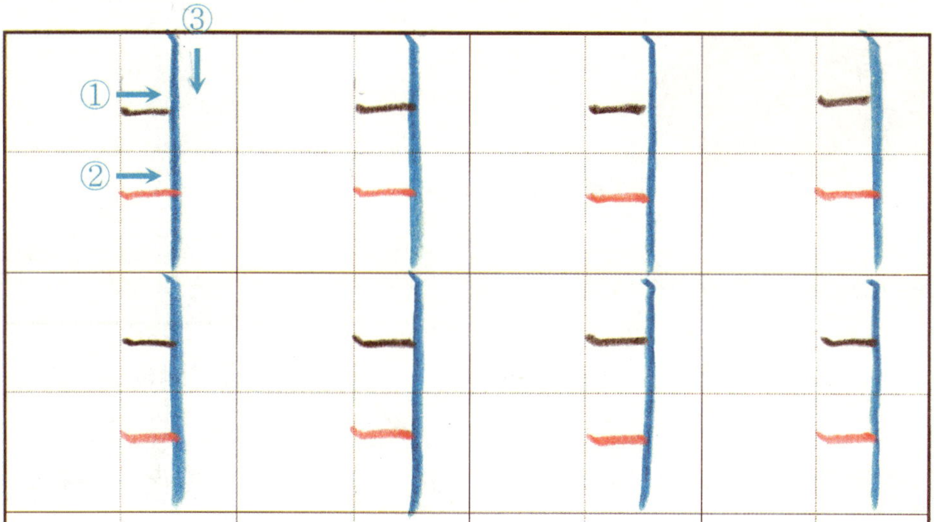

홀소리(모음) "ㅛ" 쓰기

준비물 : 12색 색연필

"ㅛ" 가 들어가는 낱말

요리사

뾰족하다

요술

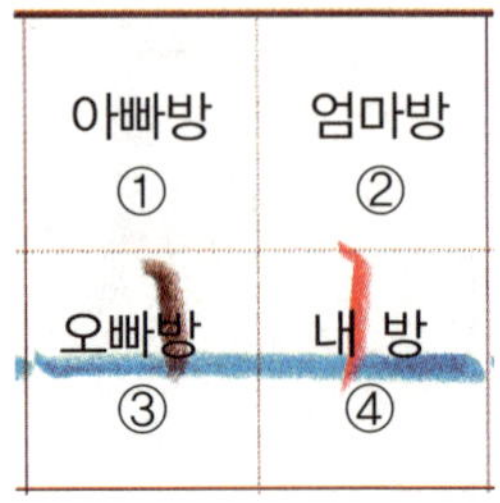

① 검정 색연필로 오빠방 천정에서 힘주어 "ㅣ"를 짧게 씁니다.

② 빨강 색연필로 내방 천정에서 시작하여 힘주어 "ㅣ"를 씁니다.

③ 오빠방과 내방을 가로지르며 힘주어 "ㅡ"를 씁니다.

이부자리 정리해요	밥 먹어요	이 닦지요	옷을 단정하게 입어요	신발도 예쁘게 신어요	"ㅛ" 쓰기도 했어요	엄마! 다 했어요

▸ 어린이가 직접 기록해요(매우 잘함, 잘함, 보통)

번호는 그리는 순서임

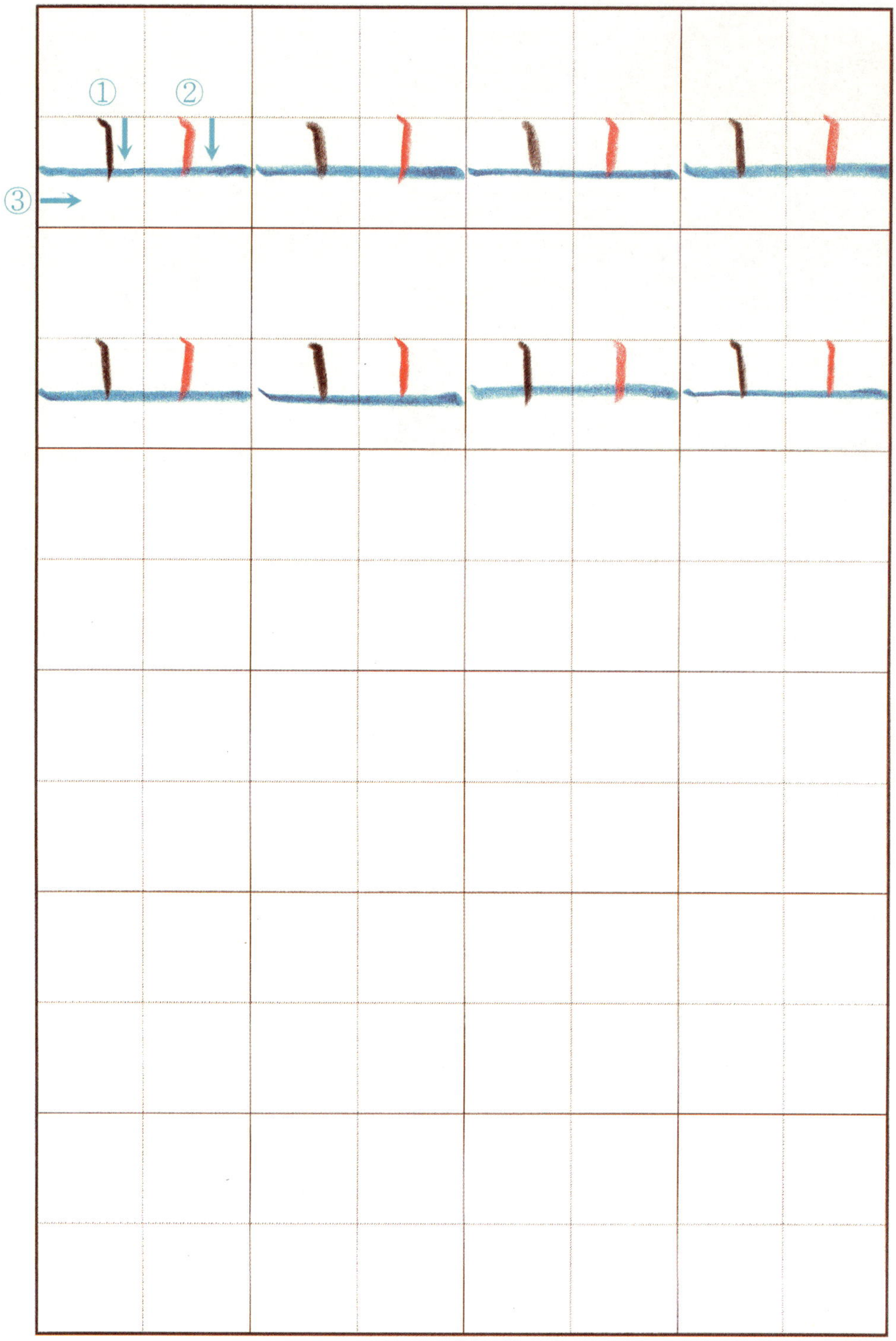

20 년 ( )월 ( )일 ( )요일

홀소리(모음) "ㅠ" 쓰기

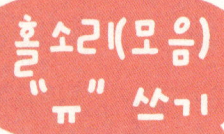

준비물 : 12색 색연필

"ㅠ"가 들어 가는 낱말

우유

휴지

휴식

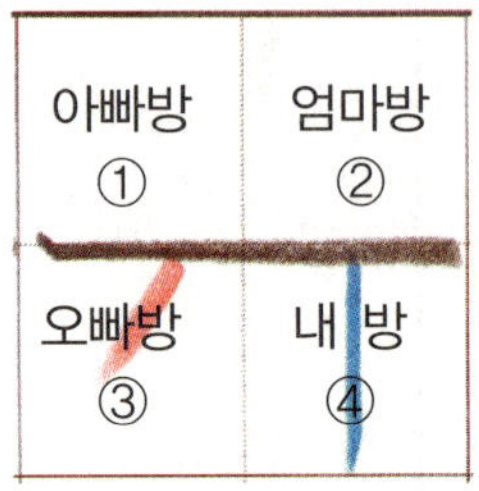

① 검정 색연필로 오빠방의 왼쪽 천정 끝에서 힘주어 시작하여 내방 끝까지 힘주어 "ㅡ"를 씁니다.

② 빨강 색연필로 힘주어 오빠방의 왼쪽 방끝 모서리를 향하여 쓰다가 반 이상의 지점에서 힘빼어 씁니다.

③ 파랑 색연필로 내방의 천정에서 아래끝까지 힘빼며 "ㅣ"를 씁니다.

이부자리 정리해요	밥 먹어요	이 닦지요	옷을 단정하게 입어요	신발도 예쁘게 신어요	"ㅠ" 쓰기도 했어요	엄마 ! 다 했어요

▸ 어린이가 직접 기록해요(😊 매우 잘함, 🙂 잘함, 🙁 보통)

번호는 그리는 순서임

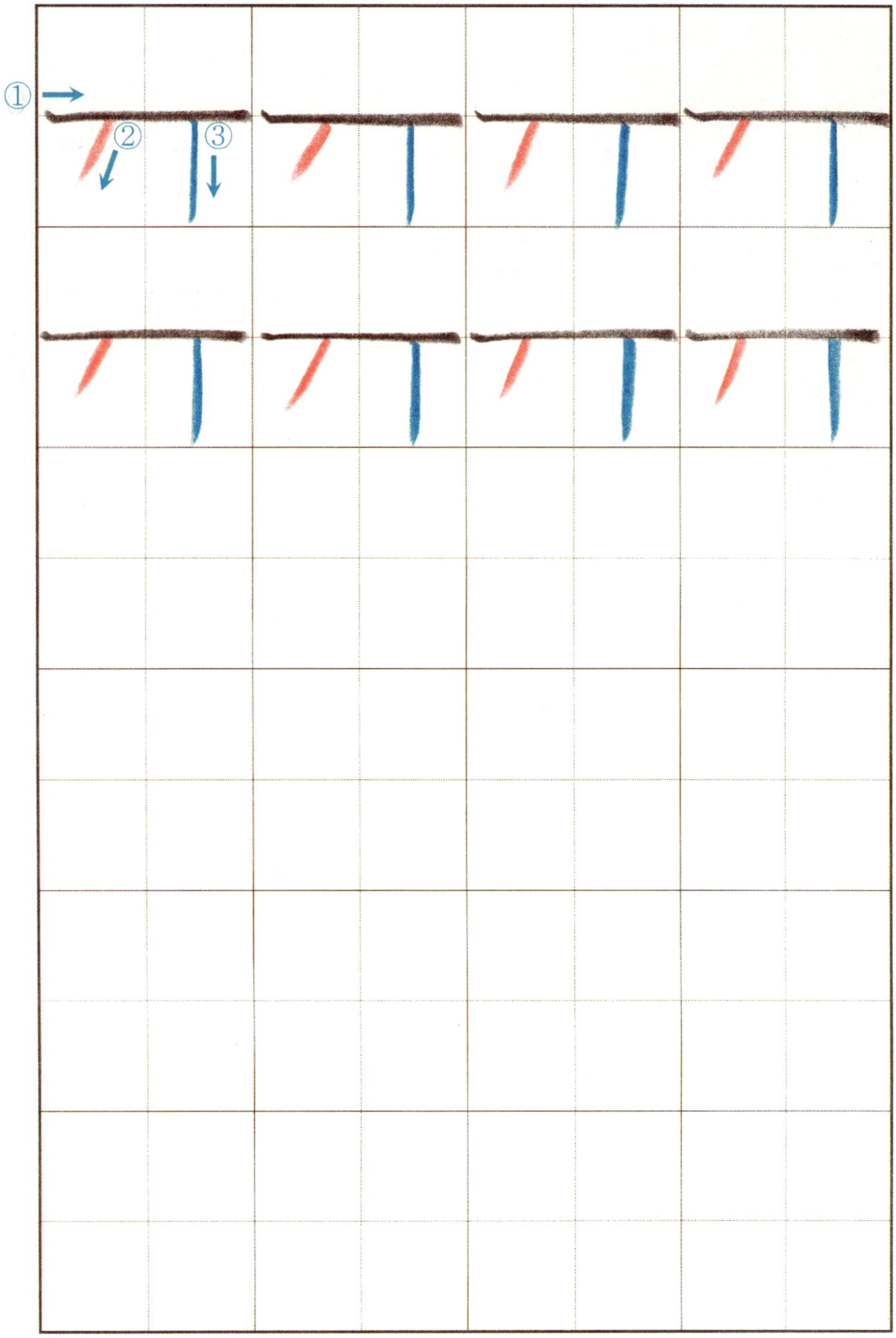

20 년 ( )월 ( )일 ( )요일

닿소리(자음) "ㄱ" (기역) 쓰기

준비물 : 12색 색연필

"ㄱ"이 들어 가는 낱말

가족

바구니

아기

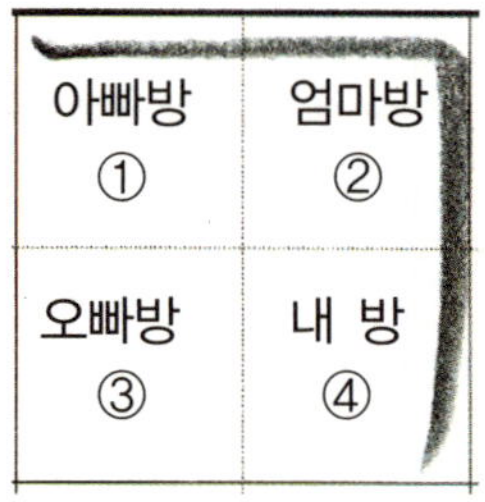

① 검정 색연필로 아빠방의 왼쪽 천정 끝에서 천정에 닿지 않도록 힘주어 시작하여 엄마방 천정끝까지 힘주어 "ㅡ"를 쓴 다음 떼지 않고 오른쪽 벽을 타고 내방 아래끝까지 "ㅣ"를 씁니다.

② 마지막 부분에서는 자연스럽게 힘을 빼며 손을 들면 안쪽으로 조금 휘듯이 써 집니다

이부자리 정리해요	밥 먹어요	이 닦지요	옷을 단정하게 입어요	신발도 예쁘게 신어요	"ㄱ" 쓰기도 했어요	엄마 ! 다 했어요

▸ 어린이가 직접 기록해요(매우 잘함, 잘함, 보통)

번호는 그리는 순서임

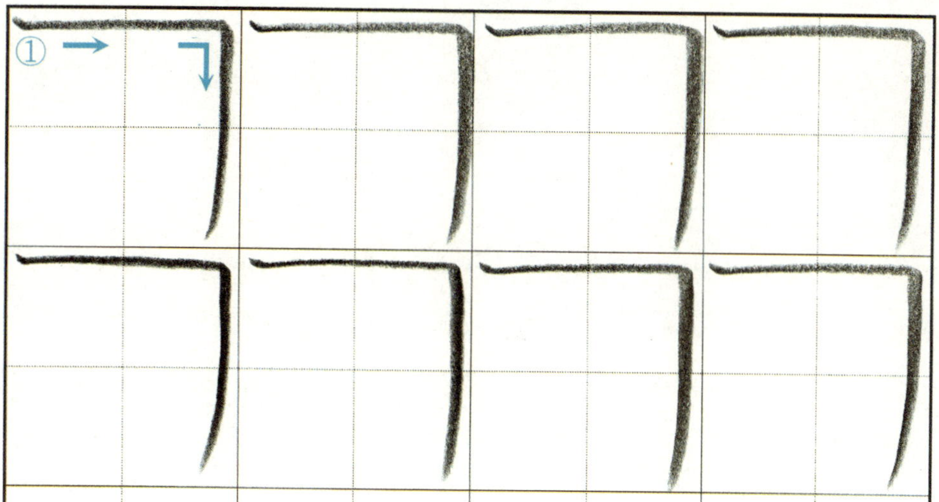

‘닿소리’ (자음)란?

‘닿소리’는 혀가 입 안의 어느 부분에 닿아서 나는 소리를 ‘닿소리’라 합니다. ‘기역’을 소리내 보세요 혀의 뒷부분이 입천장의 뒷부분(여린입천장)에 붙는 것을 알 수 있습니다. 그 때 입 안의 혀 모양은 ‘ㄱ’ 자와 비슷한 모양을 하게 되지요. 그래서 세종대왕은 우리말의 소리나는 위치(조음점)에 따라 혀와 입술의 모양이 어떠한 지를 연구하여 우리 글자를 만들었습니다. 이제부터 닿소리 낱자를 발음할 때마다 혀의 모양과 혀가 입안의 닿는 부분을 생각해 보며 어린이와 함께 이야기 나누시길 권합니다. 또 ‘닿소리’는 반드시 ‘홀소리’의 도움을 받아야만 소리를 낼 수 있는 것입니다. 그래서 한자로는 자식은 언제나 엄마에게 붙어있어야 잘 자랄 수 있으므로 ‘자음(子音)’이라고 하지요. 이 사실을 알고 보면 ‘자음(子音)’이라는 말을 사용하는 것보다 ”닿소리“라는 말을 사용하는 것이 이해가 더 쉽겠지요.

글씨쓰기는 인내심과 끈기도 길러요

닿소리 낱자쓰기에서는 글자가 매우 큰 것 때문에 의아해 하실 수 있습니다. 어린이는 아직 색연필와 연필을 잡고 쓰기에 익숙치 않으므로 크게 쓰는 습관을 길러야 손 끝에 힘이 들어가므로 필력이 좋아집니다. 필력이 좋아지면 필기구를 이용하여 손으로 글씨 쓰는 모든 과정이 길러지는 것이지요. 큰 글씨로 익숙해지면 작은 글씨의 모양은 저절로 잡히게 됩니다. 처음 색연필이나 연필을 잡고 글씨쓰기 시작하면 손을 바들바들 떨면서 쓰는 경우도 있습니다. 안쓰러워 보이기까지 하지만 어린이는 금방 익숙해지기 마련입니다. 한 획 한 획 순서에 맞게 힘주기와 힘빼기를 지켜 써 내려가면 아낌없이 격려를 해 주십시오 성취감과 함께 잘하려는 의지와 용기를 갖게 되는 것은 물론 차분하게 학습에 임하는 태도까지 길러지게 됩니다. 글씨쓰기의 궁극적인 목적은 글씨를 잘 쓰게 하는 것뿐만 아니라 이를 통해 학습에 필요한 인내심과 끈기, 차분한 태도를 기르게 되는 것이 더 중요한 목적임을 아시기 바랍니다.

20　　년 (　　)월 (　　)일 (　　)요일

닿소리(자음) "ㄴ"(니은) 쓰기

준비물 : 12색 색연필

"ㄴ"이 들어간 낱말

나무

신발

농구

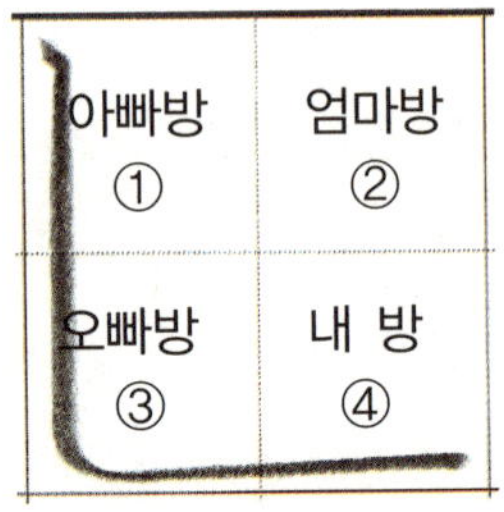

① 검정 색연필로 아빠방의 왼쪽 천정 끝에서 힘주어 시작하여 "ㅣ"쓰는 방법과 같이 쓰되 끝부분에서 힘을 빼지 않고 부드럽게 방향을 바꾸어 "ㅡ"를 씁니다.

② 힘빼는 부분이 없으므로 끝까지 떼지 않고 한번에 쓰는 것이 중요합니다.

이부자리 정리해요	밥 먹어요	이 닦지요	옷을 단정하게 입어요	신발도 예쁘게 신어요	"ㄴ" 쓰기도 했어요	엄마! 다 했어요

▸ 어린이가 직접 기록해요(매우 잘함, 잘함, 보통)

번호는 그리는 순서임

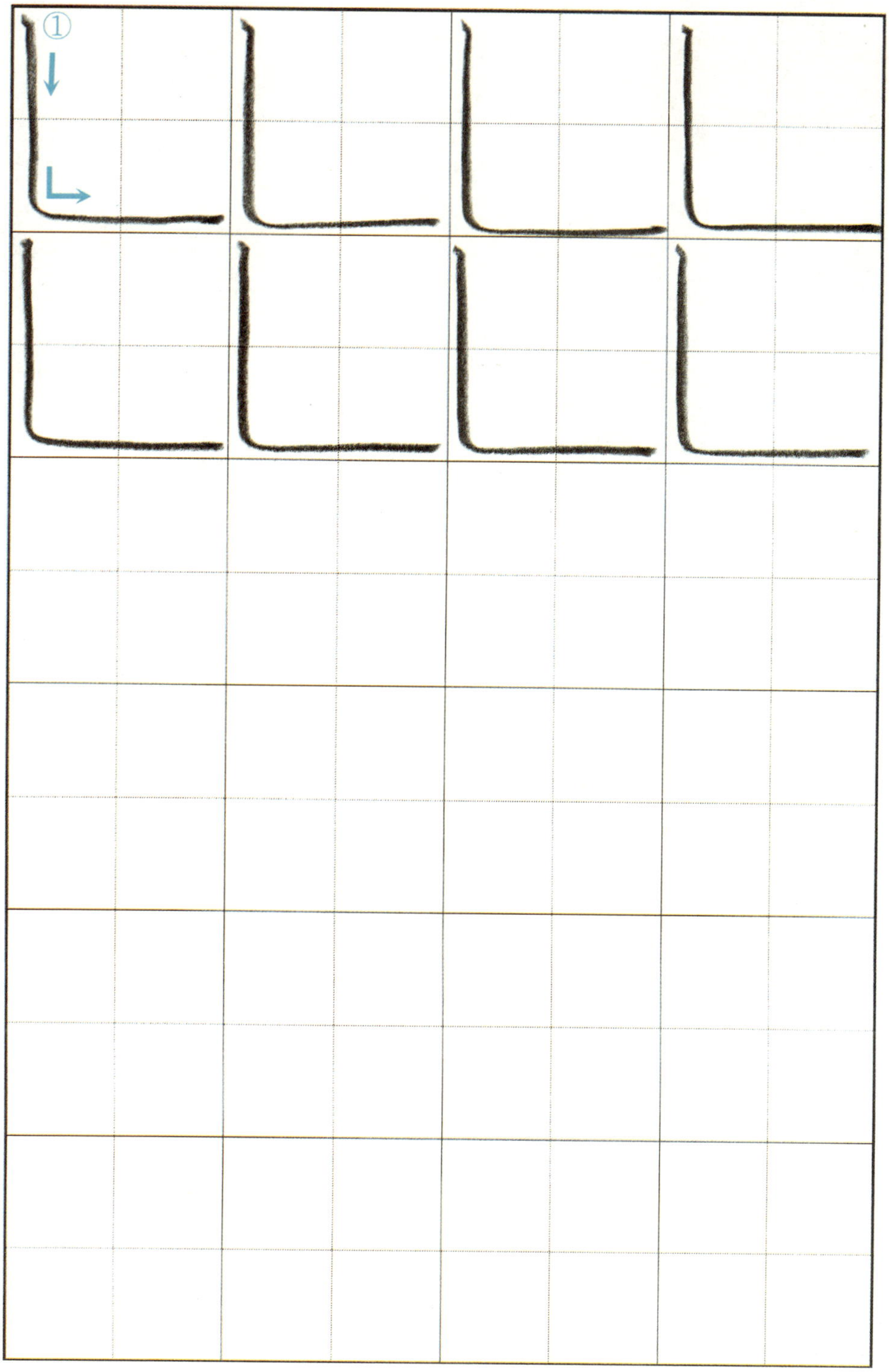

20　　년 (　　)월 (　　)일 (　　)요일

닿소리(자음) "ㄷ" (디귿) 쓰기

준비물 : 12색 색연필

"ㄷ"이 들어가는 낱말

달

강둑

동물

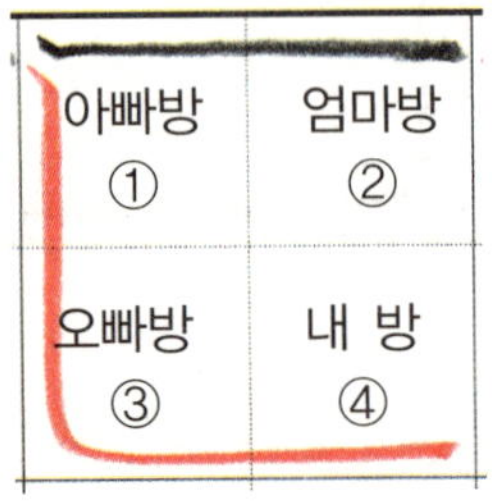

① 검정 색연필로 아빠방과 엄마방의 천정에 닿을락 말락하게 힘주어 "ㅡ"를 씁니다.

② 빨강 색연필로 "ㄴ" 쓰는 방법과 같이 씁니다.

③ 이 때 "ㅡ" 시작하는 점과 "ㄴ"을 시작하는 점은 닿을락 말락해야 예쁜 글씨가 됩니다

이부자리 정리해요	밥 먹어요	이 닦지요	옷을 단정하게 입어요	신발도 예쁘게 신어요	"ㄷ" 쓰기도 했어요	엄마 ! 다 했어요

▸ 어린이가 직접 기록해요(매우 잘함, 잘함, 보통)

번호는 그리는 순서임

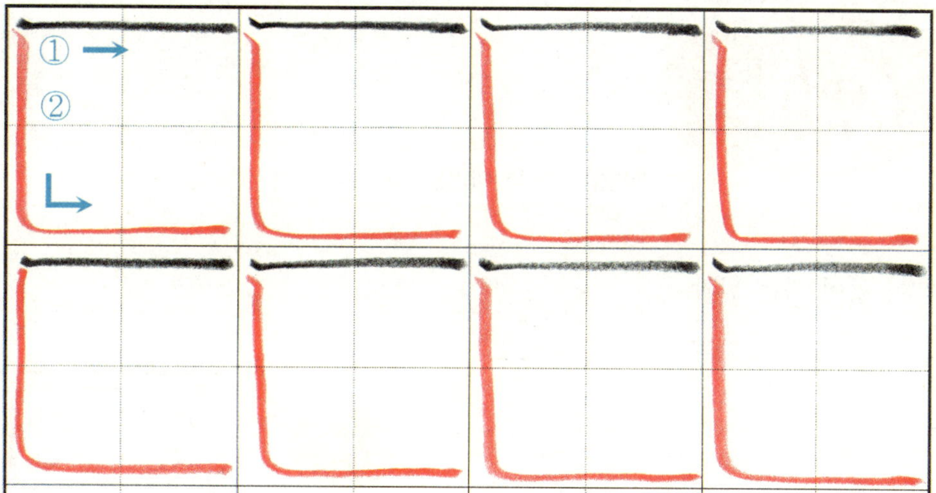

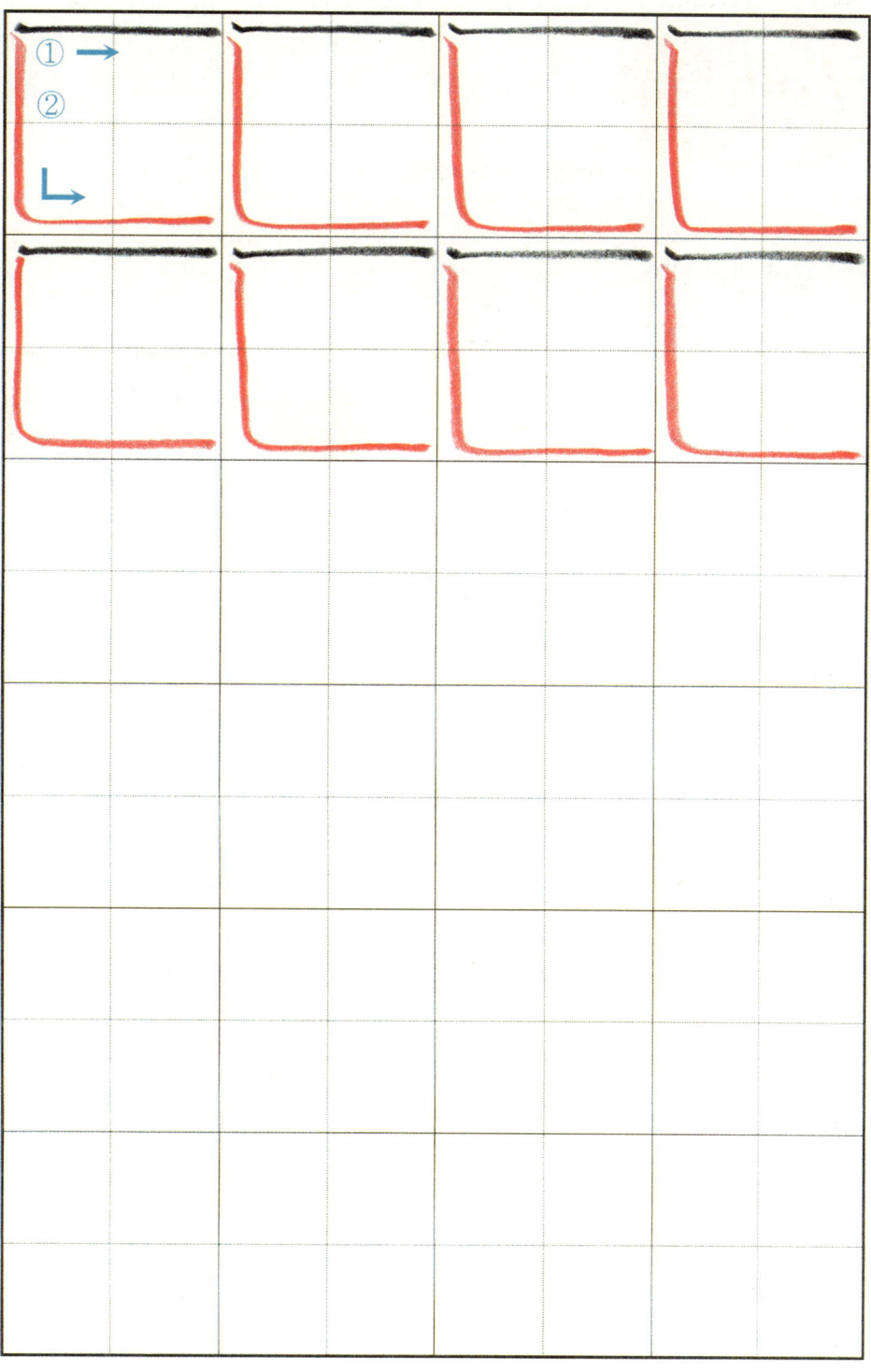

20 년 ( )월 ( )일 ( )요일

닿소리(자음) "ㄹ"(리을) 쓰기

준비물 : 12색 색연필

"ㄹ"이 들어 가는 낱말

오리

이름

보름달

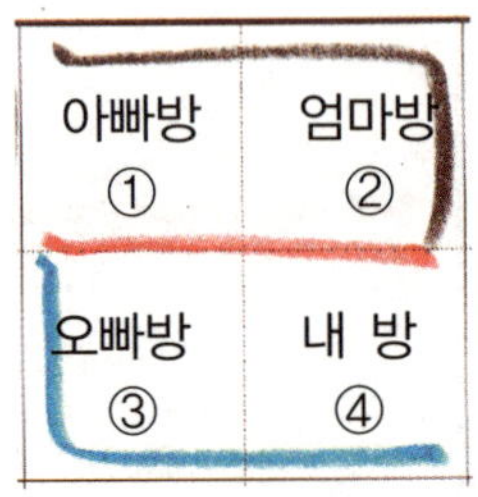

① 이제부터 세 가지 색연필을 사용합니다.

② 왼 손에 세 가지 색연필(검정, 빨강, 파랑)을 한꺼번에 들고 필요한 색을 하나씩 빼서 사용하면 됩니다.

③ 쓰는 위치를 잘 살펴보고 ㄱ, ㄴ, ㄷ 쓰는 방법으로 써야 합니다. 이제 어디쯤 힘주고 어디에서 시작하는 지 터득했지요? 익숙해 지도록 꼭 참고 써 나가도록 합시다.

이부자리 정리해요	밥 먹어요	이 닦지요	옷을 단정하게 입어요	신발도 예쁘게 신어요	"ㄹ" 쓰기도 했어요	엄마 ! 다 했어요

▸ 어린이가 직접 기록해요(😊 매우 잘함, 🙂 잘함, ☹ 보통)

번호는 그리는 순서임

20　　년 (　　)월 (　　)일 (　　)요일

닿소리(자음) "ㅁ" (미음) 쓰기

준비물 : 12색 색연필

"ㅁ"이 들어가는 낱말

먹는 밤

아침

메뚜기

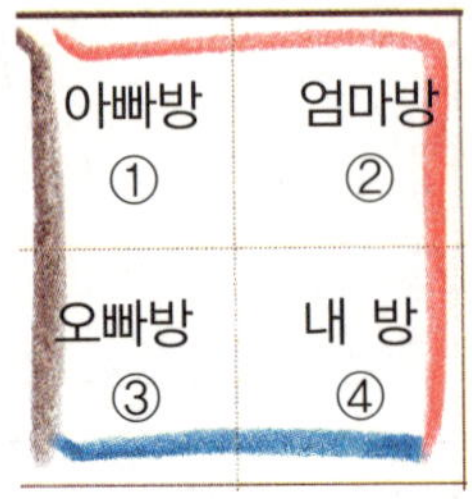

① 검정 색연필로 아빠방과 오빠방의 벽을 따라 내방 바닥에 닿을락 말락하게 "ㅡ"를 씁니다.

② 빨강 색연필로 "ㄱ"을 쓰지요

③ 파란 색연필로 오빠방과 내방 바닥에 닿을락 말락하게 "ㅡ"를 씁니다.

이부자리 정리해요	밥 먹어요	이 닦지요	옷을 단정하게 입어요	신발도 예쁘게 신어요	"ㅁ" 쓰기도 했어요	엄마 ! 다 했어요

▸ 어린이가 직접 기록해요(매우 잘함, 잘함, 보통)

번호는 그리는 순서임

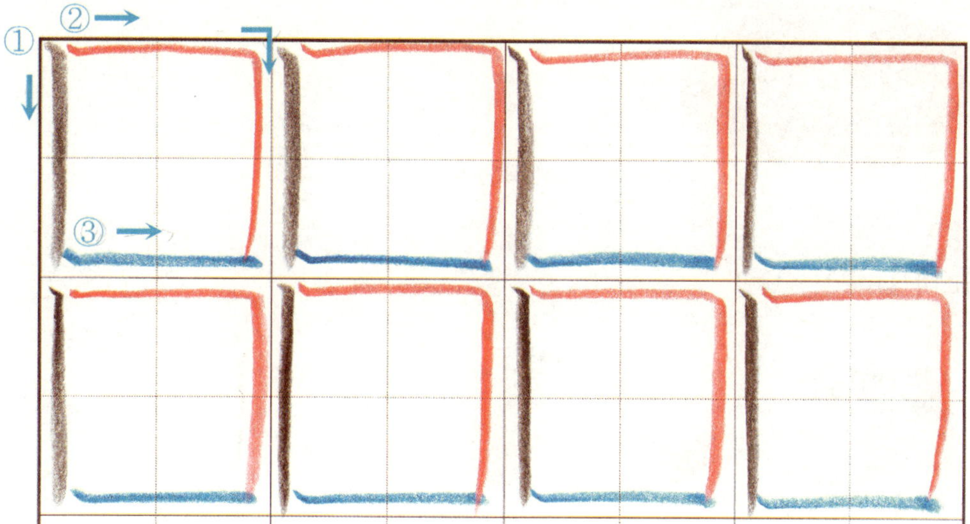

20　　년 (　　)월 (　　)일 (　　)요일

닿소리(자음) "ㅂ" (비읍) 쓰기

준비물 : 12색 색연필

"ㅂ"이 들어가는 낱말

별

밥

화분

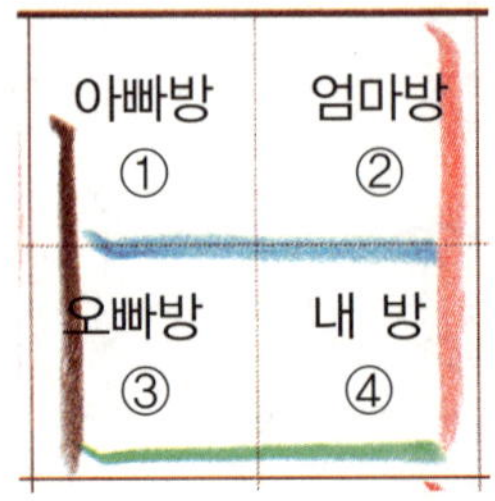

① 검정 색연필로 아빠방 왼쪽벽의 반쯤에서 힘주어 시작하여 오빠방 끝까지 힘주어 짧은 "ㅣ"를 씁니다.

② 빨강 색연필로 힘주어 엄마방의 오른쪽 천정끝에서 벽을 따라 내려오며 한 번에 "ㅣ"를 씁니다.

③ 파란 색연필로 오빠방과 내방의 천정 점선을 따라 끝까지 "ㅡ"를 씁니다.

④ 초록 색연필로 오빠방과 내방 아래 바닥에 닿을락 말락하게 "ㅡ"를 씁니다.

⑤ 낱자 한글자 쓸 때마다 색연필의 색을 바꾸어 쓰는 것 꼭 기억하세요

이부자리 정리해요	밥 먹어요	이 닦지요	옷을 단정하게 입어요	신발도 예쁘게 신어요	"ㅂ" 쓰기도 했어요	엄마 ! 다 했어요

▸ 어린이가 직접 기록해요(매우 잘함, 잘함, 보통)

번호는 그리는 순서임

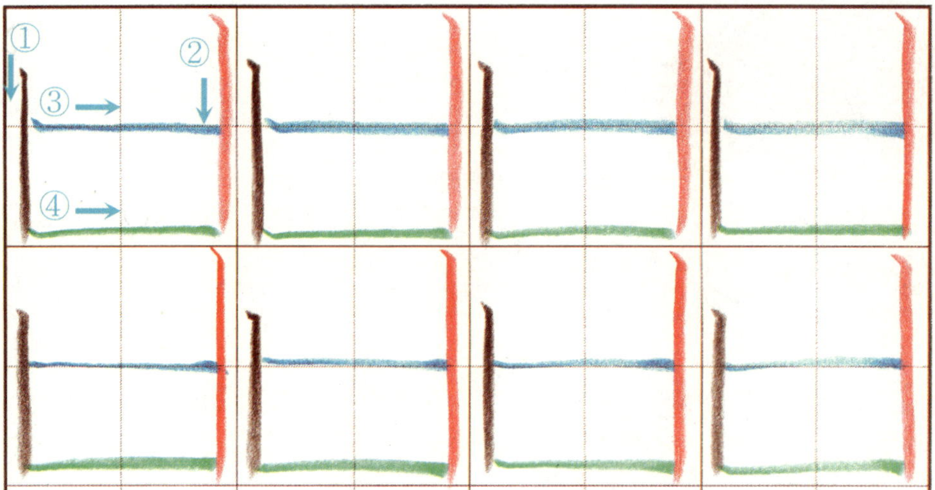

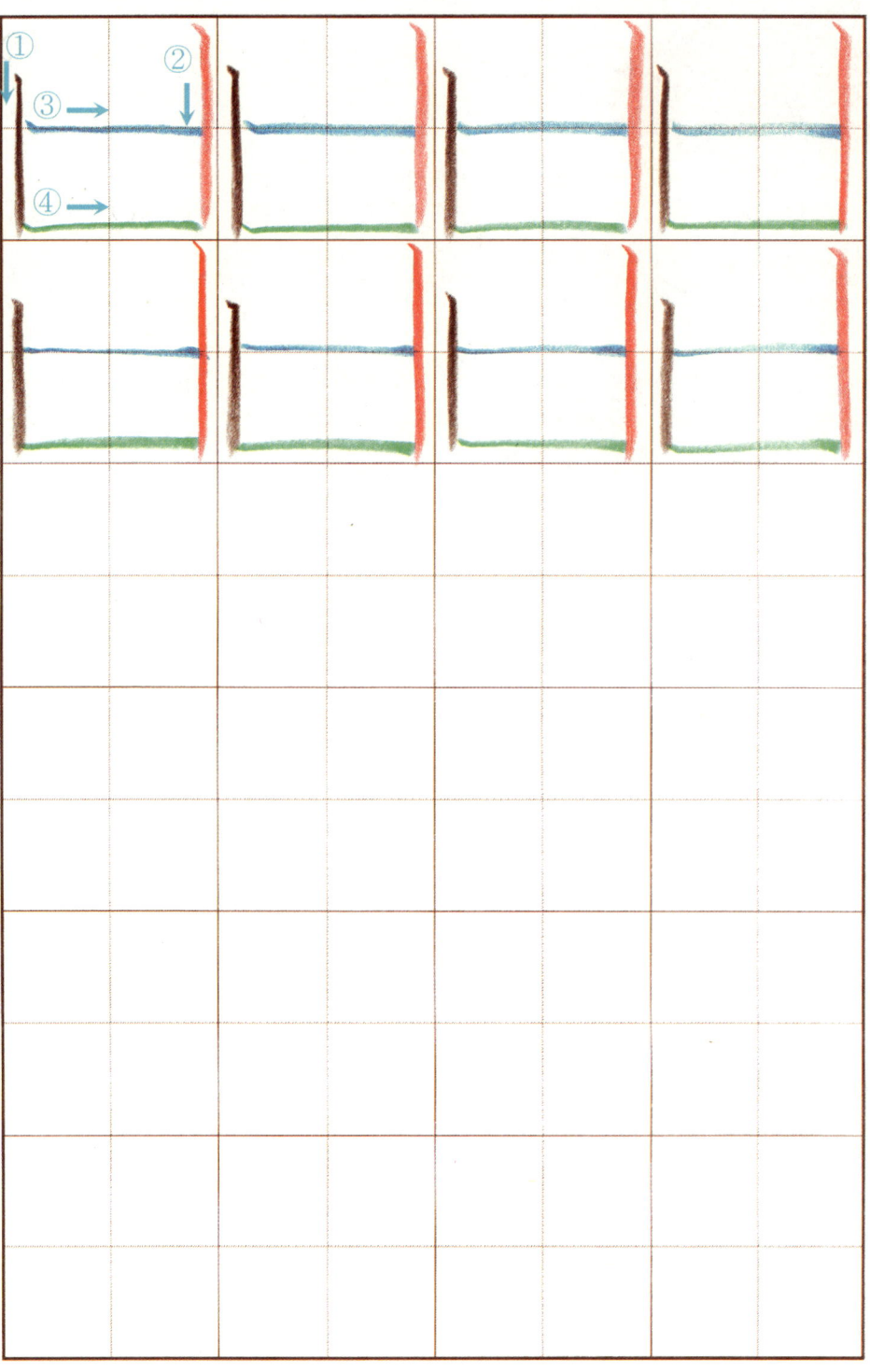

20 년 ( )월 ( )일 ( )요일

닿소리(자음) "ㅅ" (시옷) 쓰기

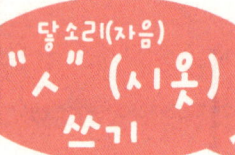

준비물 : 12색 색연필

"ㅅ"이 들어 가는 낱말

소

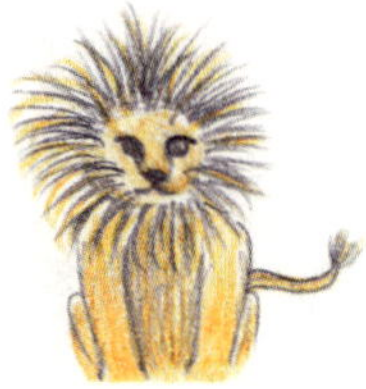

사자

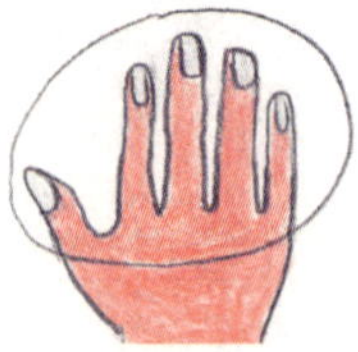

손가락

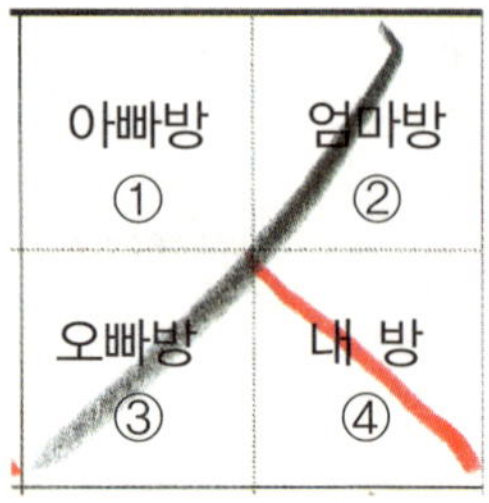

① 검정 색연필로 엄마방의 천정 가운데 쯤에서 힘주어 시작하여 네 방이 모두 만나는 가운데 점을 향하여 내려긋다가 오빠방 모서리 끝을 향하여 계속 긋다가 모서리에 닿을 쯤 힘을 뺍니다. 누워 있는 모양의 "ㅣ"가 되었지요

② 빨강 색연필로 네 방이 모두 만나는 가운데 점에서 시작하여 내방의 오른쪽 끝 모서리를 향하여 힘주어 "ㅡ"를 쓸 때와 같이 씁니다. 불끈 솟아 있는 "ㅡ"가 되었지요?

이부자리 정리해요	밥 먹어요	이 닦지요	옷을 단정하게 입어요	신발도 예쁘게 신어요	"ㅅ" 쓰기도 했어요	엄마! 다 했어요

▸ 어린이가 직접 기록해요(매우 잘함, 잘함, 보통)

번호는 그리는 순서임

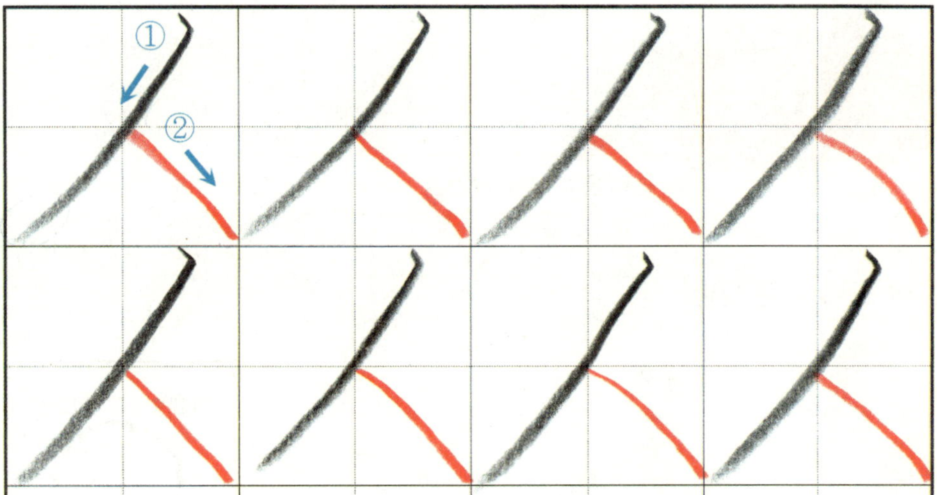

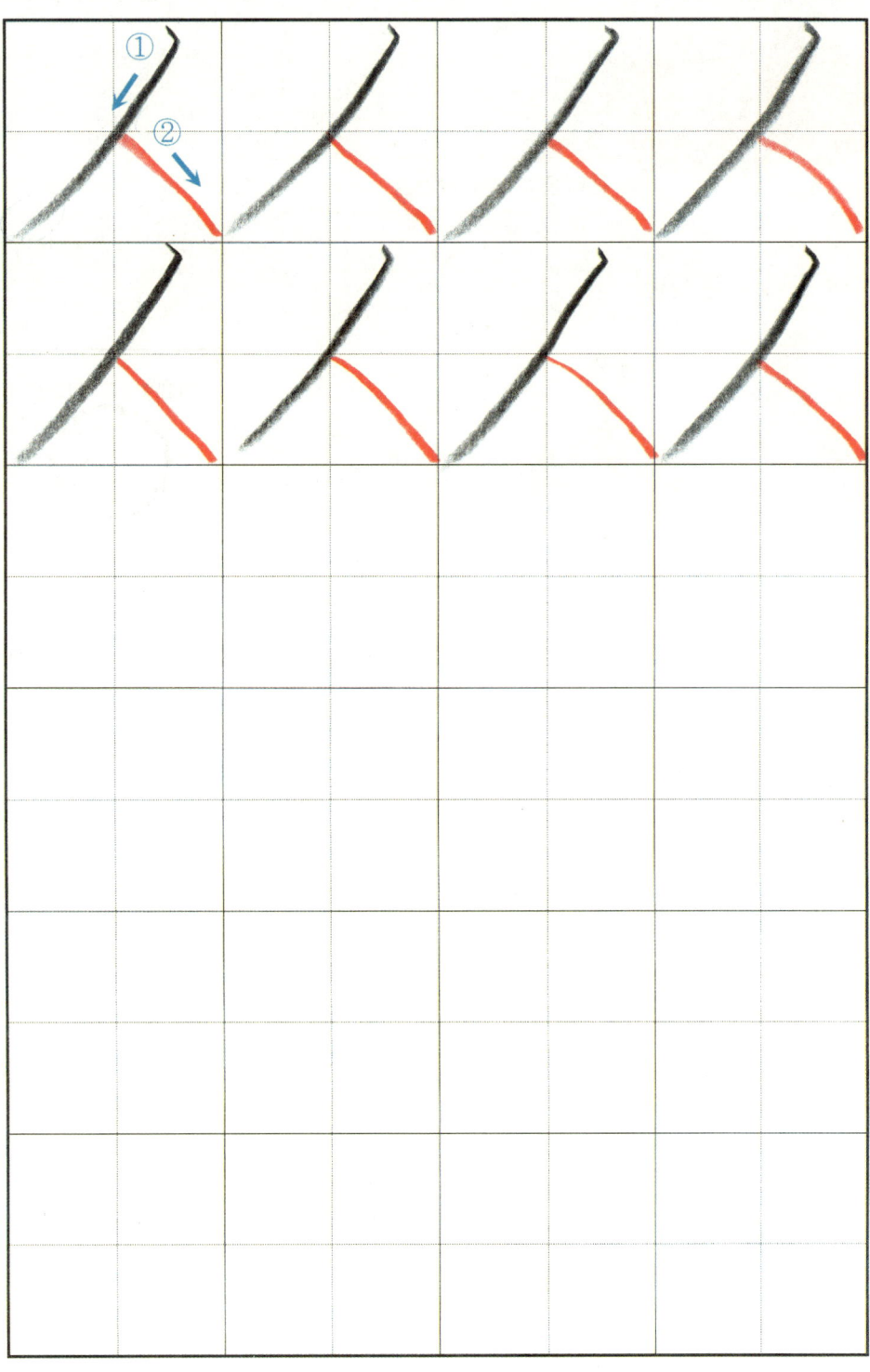

20　　년 (　　)월 (　　)일 (　　)요일

닿소리(자음) "ㅇ"(이응) 쓰기

준비물 : 12색 색연필

"ㅇ"이 들어 가는 낱말

아기

어머니

송편

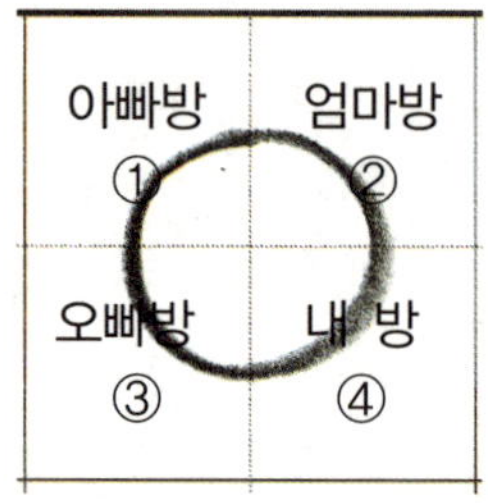

① 검정 색연필로 아빠방과 엄마방이 만나는 가운데 점선의 반에서 시작하여 먼저 아빠방의 바닥의 반을 향하여 둥글게 쓰고 오빠방의 반, 내방의 반, 엄마방의 반을 돌고 오면 한바퀴가 되지요.

② 다 써 놓고 보면 동그라미처럼 보이지만 크기가 일정하게 고르게 써야 한답니다. 동그란 달을 생각하며 쓰면 되겠지요.

이부자리 정리해요	밥 먹어요	이 닦지요	옷을 단정하게 입어요	신발도 예쁘게 신어요	"ㅇ" 쓰기도 했어요	엄마 ! 다 했어요

▸ 어린이가 직접 기록해요(😊 매우 잘함, 🙂 잘함, 😟 보통)

번호는 그리는 순서임

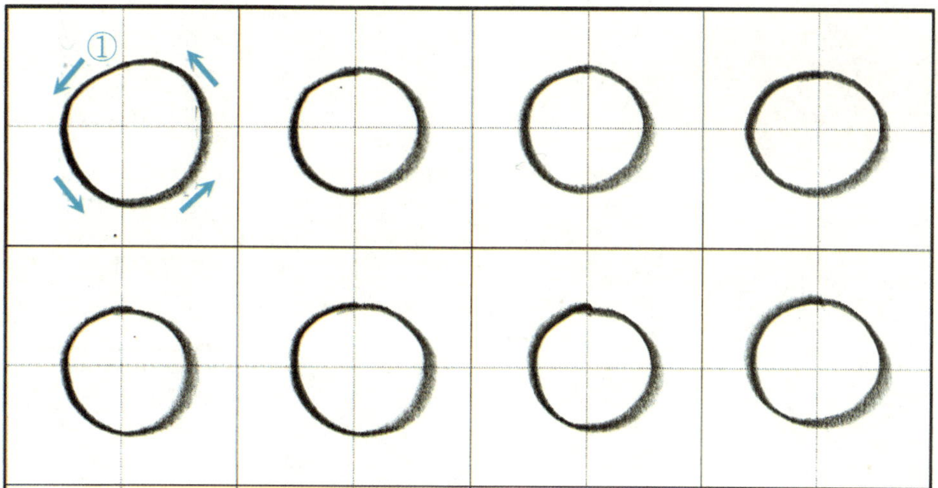

20 년 ( )월 ( )일 ( )요일

닿소리(자음) "ㅈ" (지읒) 쓰기

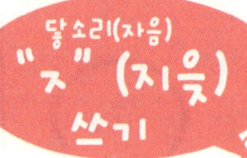

준비물 : 12색 색연필

"ㅈ"이 들어가는 낱말

가족

의자

자동차

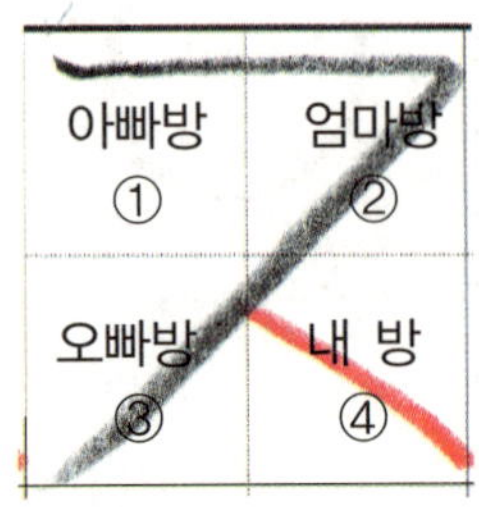

① 검정 색연필로 아빠방의 왼쪽천정에서 힘주어 시작하여 엄마방 끝까지 힘주어 "ㅡ"를 쓴 다음 떼지 않고 방향을 바꾸어 오빠방의 왼쪽 가장 끝 모서리를 향하여 내려 긋습니다.

② 빨강 색연필로 힘주어 네 방이 모두 만나는 가운데 점선에서 내방의 오른쪽 바닥끝을 향하여 힘주어 내려 긋습니다.

③ 지붕이 있는 "ㅅ" 같은 모양이지요.

이부자리 정리해요	밥 먹어요	이 닦지요	옷을 단정하게 입어요	신발도 예쁘게 신어요	"ㅈ" 쓰기도 했어요	엄마 ! 다 했어요

▸ 어린이가 직접 기록해요(매우 잘함, 잘함, 보통)

번호는 그리는 순서임

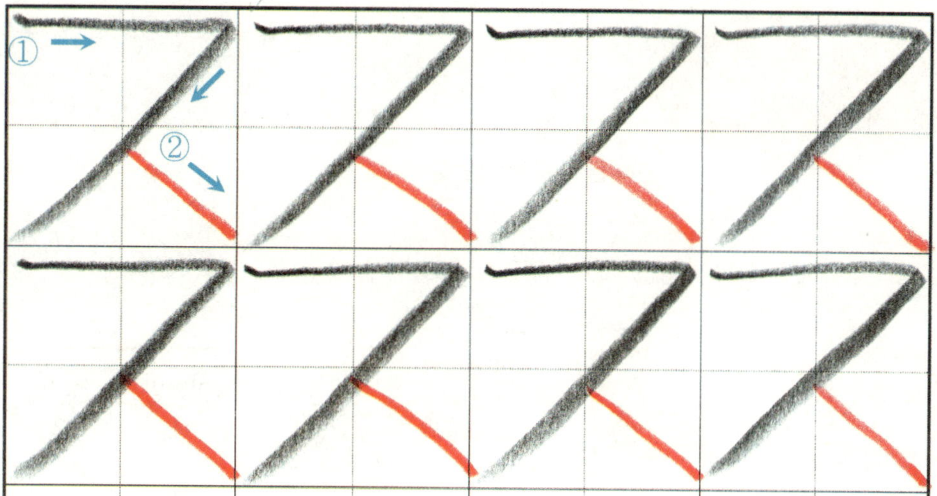

20　　년 (　　)월 (　　)일 (　　)요일

닿소리(자음) "ㅊ" (치읓) 쓰기

준비물 : 12색 색연필

"ㅊ"이 들어가는 낱말

창문

책상

아침

① 검정 색연필로 아빠방과 엄마방이 만나는 가운데 점선을 중심으로 아빠방에서 먼저 시작하여 엄마방까지 짧은 "ㅡ"를 씁니다.

② 빨강 색연필로 아빠방 왼쪽천정에서 힘주어 시작하여 엄마방 끝까지 힘주어 "ㅡ"를 쓴 다음 떼지 않고 방향을 바꾸어 오빠방의 왼쪽 가장 끝 모서리를 향하여 내려 긋습니다.(ㅈ 쓸 때와 같음)

③ 파란 색연필로 힘주어 가운데 점선에 빨강색이 지나가는 시점에서 시작하여 내방의 오른쪽 바닥끝을 향하여 힘주어 내려 긋습니다.

이부자리 정리해요	밥 먹어요	이 닦지요	옷을 단정하게 입어요	신발도 예쁘게 신어요	"ㅊ" 쓰기도 했어요	엄마 ! 다 했어요

▸ 어린이가 직접 기록해요(매우 잘함, 잘함, 보통)

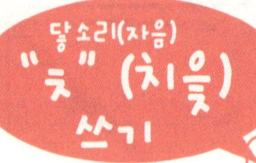

번호는 그리는 순서임

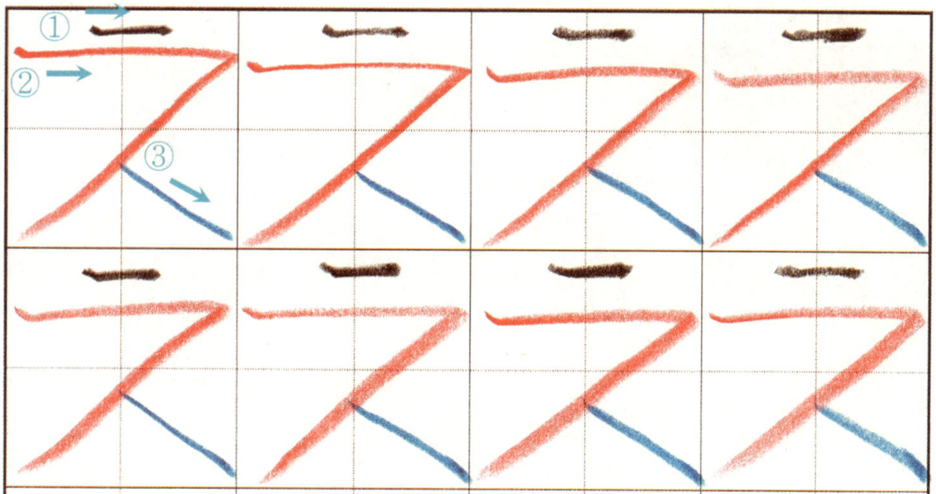

20　　년 (　　)월 (　　)일 (　　)요일

닿소리(자음) "ㅋ" (키읔) 쓰기

준비물 : 12색 색연필

"ㅋ"이 들어가는 낱말

부엌

카드

하모니카

① 검정 색연필로 아빠방의 왼쪽 천정끝에서 엄마방의 오른쪽 천정끝까지 힘주어 썼다가 떼지 않고 방향을 바꾸어 "ㄱ"을 씁니다.

② 빨강 색연필로 오빠방 왼쪽 천정에서 힘주어 시작하여 가운데 점선을 따라 검정색을 만날 때까지 힘주어 "ㅡ"를 씁니다

이부자리 정리해요	밥 먹어요	이 닦지요	옷을 단정하게 입어요	신발도 예쁘게 신어요	"ㅋ" 쓰기도 했어요	엄마! 다 했어요

▸ 어린이가 직접 기록해요(매우 잘함, 잘함, 보통)

번호는 그리는 순서임

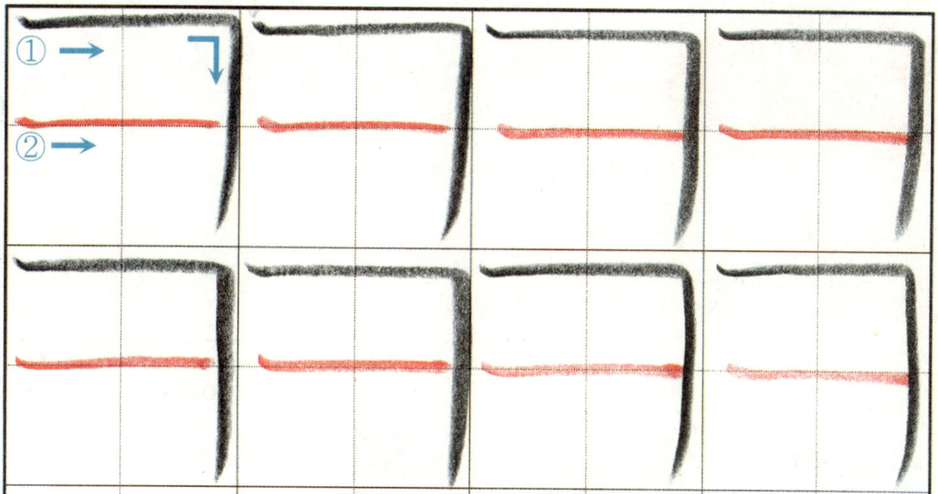

20 년 ( )월 ( )일 ( )요일

닿소리(자음) "ㅌ"(티읕) 쓰기

준비물 : 12색 색연필

"ㅌ"이 들어가는 낱말

타조

낙타

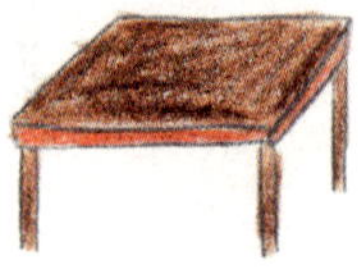

탁자

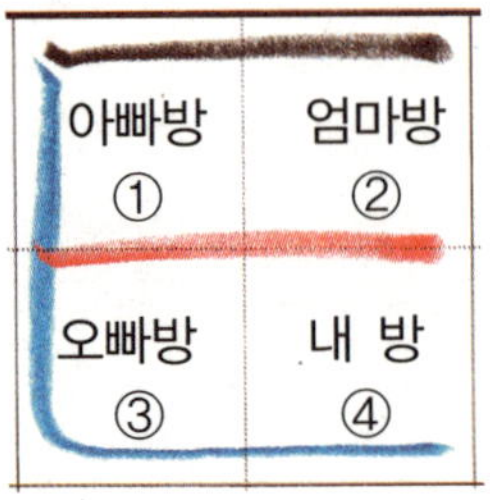

① 검정 색연필로 아빠방의 왼쪽 천정끝에서 엄마방의 오른쪽 천정끝까지 힘주어 "ㅡ"를 씁니다.

② 빨강 색연필로 가운데 점선의 왼쪽 끝에서 내방 천정끝까지 힘주어 "ㅡ"를 씁니다.

③ 파란 색연필로 검정 색연필의 처음 시작한 곳과 닿을락 말락하게 시작하여 왼쪽 벽을 타고 내려오며 "ㄴ"과 같이 씁니다.

이부자리 정리해요	밥 먹어요	이 닦지요	옷을 단정하게 입어요	신발도 예쁘게 신어요	"ㅌ" 쓰기도 했어요	엄마! 다 했어요

▸ 어린이가 직접 기록해요(매우 잘함, 잘함, 보통)

번호는 그리는 순서임

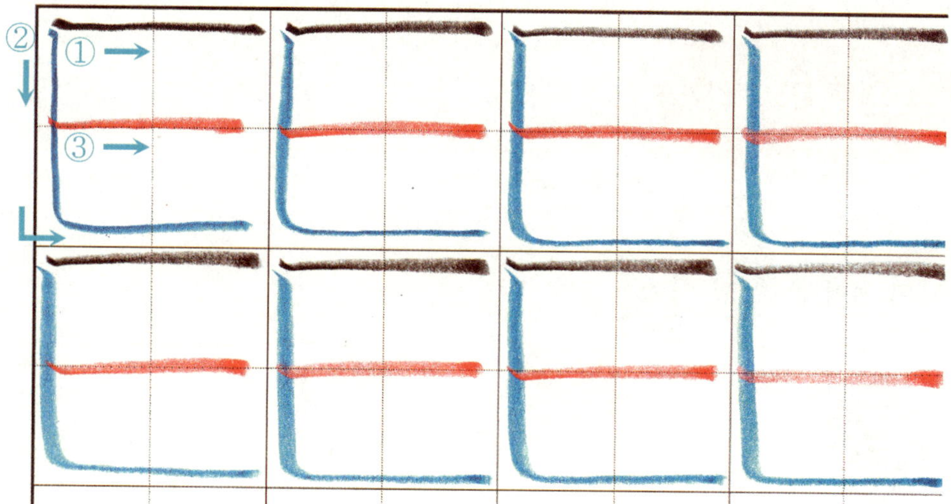

20　　년 (　　)월 (　　)일 (　　)요일

닿소리(자음) "ㅍ" (피읖) 쓰기

준비물 : 12색 색연필

"ㅍ"이 들어가는 낱말

필통

풍선

양파

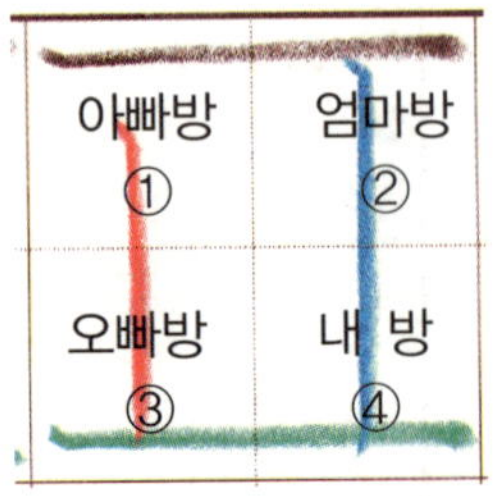

① 검정 색연필로 아빠방의 왼쪽 천정끝에서 엄마방의 오른쪽 천정끝까지 힘주어 "ㅡ"를 씁니다.

② 빨강 색연필로 아빠방의 가장 가운데 부분에서 짧은 "ㅣ"를 씁니다.

③ 파란 색연필로 엄마방의 천정 가운데에서 시작하여 내방 바닥끝까지 힘주어 "ㅣ"를 쓰다가 끝부분에서 힘을 빼고 씁니다.

④ 초록 색연필로 오빠방의 왼쪽 끝에서 내방 오른쪽 끝까지 힘주어 "ㅡ"를 씁니다.

이부자리 정리해요	밥 먹어요	이 닦지요	옷을 단정하게 입어요	신발도 예쁘게 신어요	"ㅍ" 쓰기도 했어요	엄마 ! 다 했어요

▸ 어린이가 직접 기록해요(매우 잘함, 잘함, 보통)

번호는 그리는 순서임

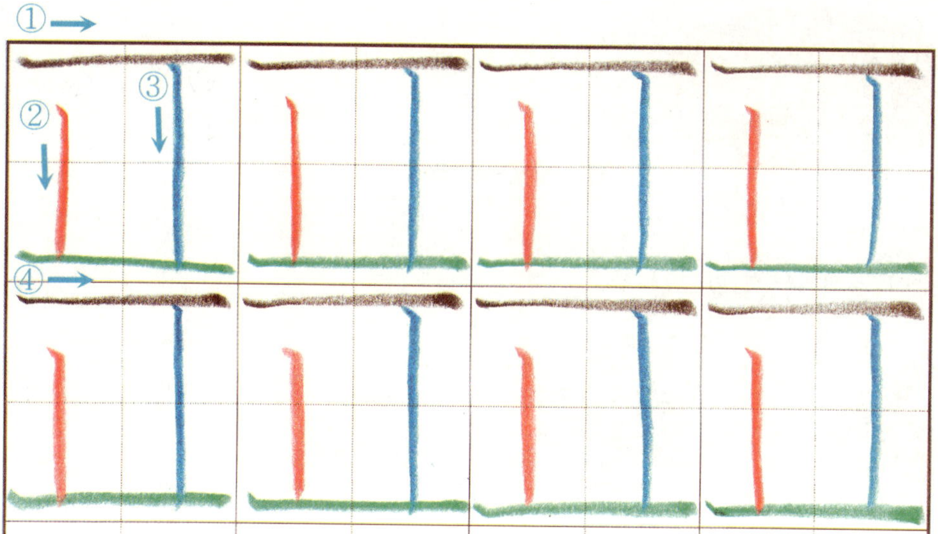

20　　년 (　　)월 (　　)일 (　　)요일

닿소리(자음) "ㅎ" (히읗) 쓰기

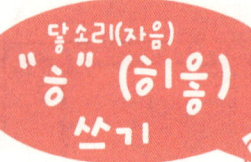

준비물 : 12색 색연필

"ㅎ"이 들어가는 낱말

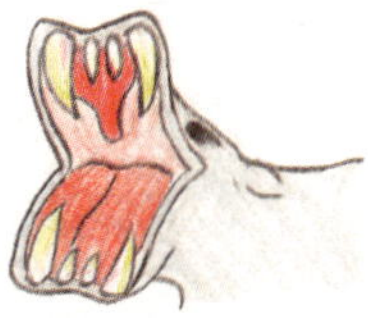

하마

호랑이

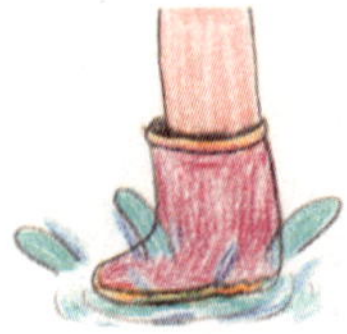

장화

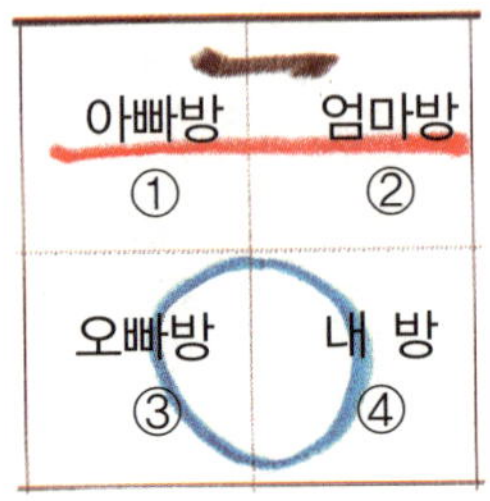

① 검정 색연필로 아빠방과 엄마방이 만나는 가운데 점선을 중심으로 아빠방에서 먼저 시작하여 엄마방까지 짧은 "ㅡ"를 씁니다.

② 빨강 색연필로 아빠방 왼쪽 천정에서 힘주어 시작하여 엄마방 끝까지 힘주어 "ㅡ"를 씁니다.

③ 파란 색연필로 네 방이 모두 만나는 가운데 점에서 시작하여 오빠방과 내방이 만나는 바닥점을 향하여 둥글게 쓰다가 내 방을 향하여 다시 둥글게 끝까지 힘주어 씁니다.

이부자리 정리해요	밥 먹어요	이 닦지요	옷을 단정하게 입어요	신발도 예쁘게 신어요	"ㅎ" 쓰기도 했어요	엄마 ! 다 했어요

▸ 어린이가 직접 기록해요(매우 잘함, 잘함, 보통)

번호는 그리는 순서임

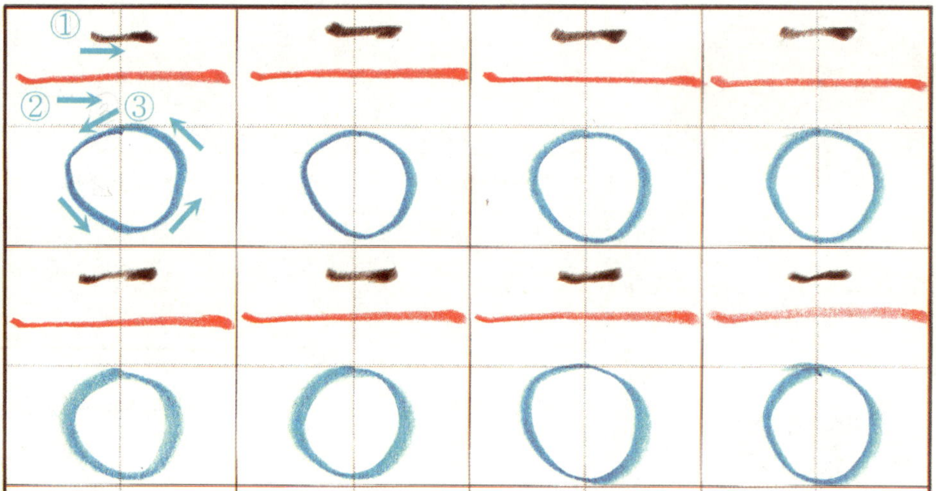

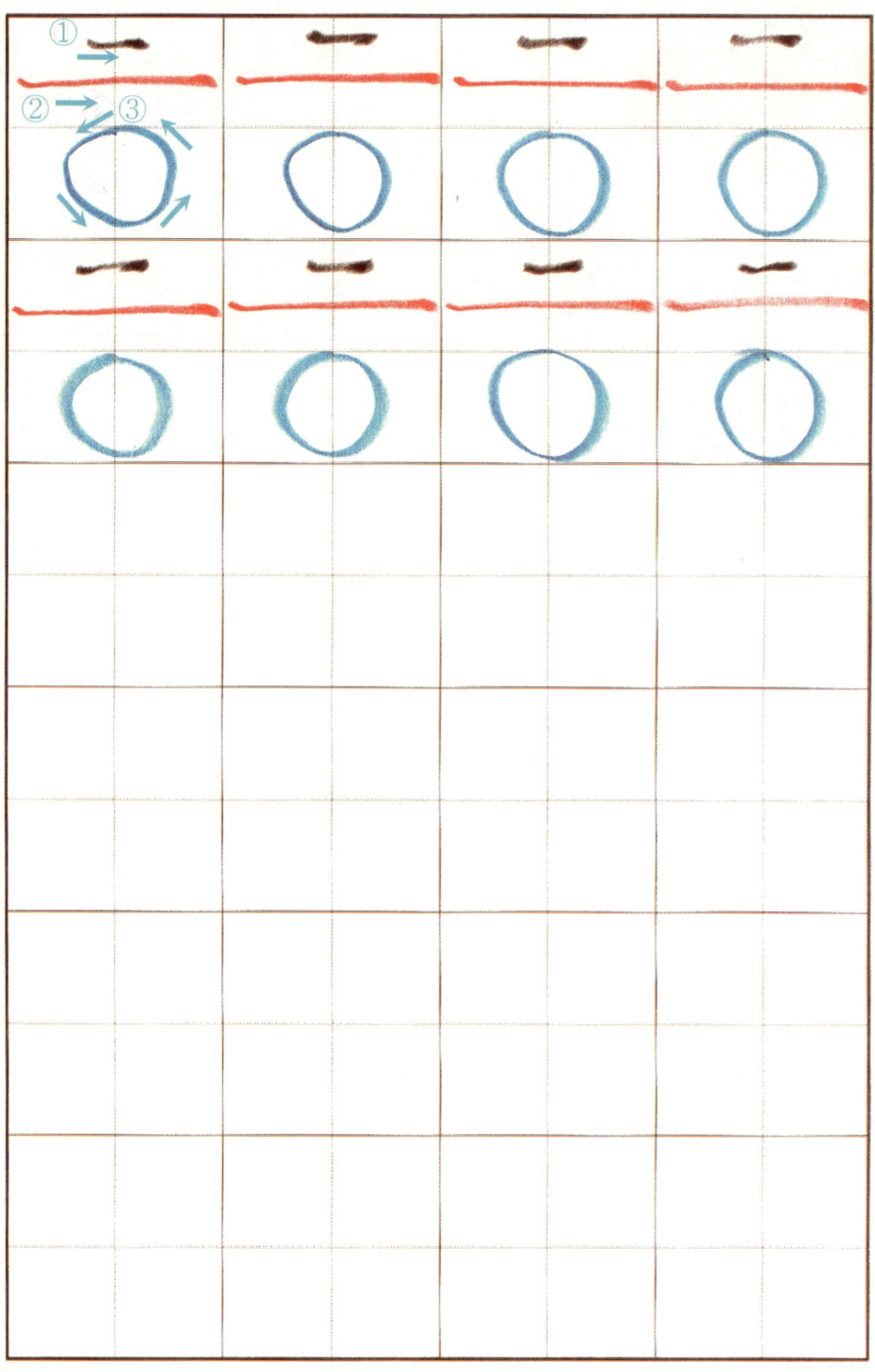

20 년 ( )월 ( )일 ( )요일

첫소리 "ㄱ" 쓰기

준비물 : 12색 색연필

첫소리 "ㄱ"이 들어가는 낱말

기차

기린

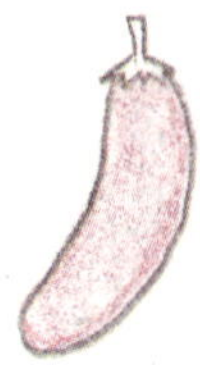

가지

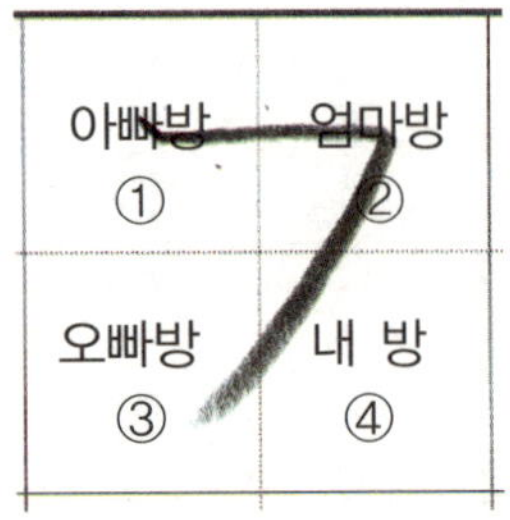

① 검정 색연필로 아빠방의 한 가운데 부분에서 시작하여 엄마방의 가운데 부분을 향하여 짧은 "ㅡ"를 쓰다가 방향을 바꾸어 오빠방을 향하여 비스듬히 내려 긋다가 끝부분에서 힘을 뺍니다.

이부자리 정리해요	밥 먹어요	이 닦지요	옷을 단정하게 입어요	신발도 예쁘게 신어요	"ㄱ" 쓰기도 했어요	엄마 ! 다 했어요

▸ 어린이가 직접 기록해요(매우 잘함, 잘함, 보통)

번호는 그리는 순서임

① フ フ フ フ

フ フ フ フ

20　　년 (　　)월 (　　)일 (　　)요일

첫소리 "ㄴ" 쓰기

준비물 : 12색 색연필

첫소리 "ㄴ"이 들어가는 낱말

나무

나비

바구니

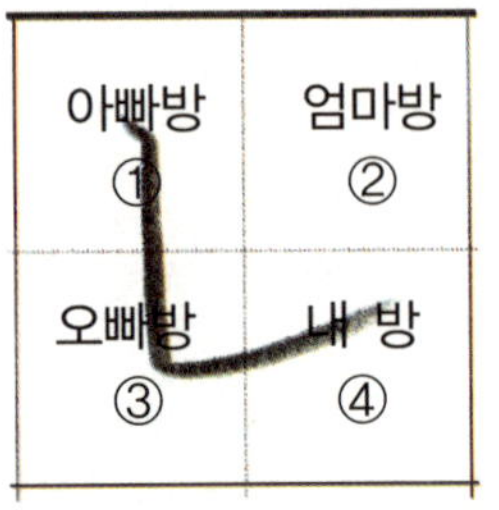

① 검정 색연필로 아빠방의 한 가운데 부분에서 시작하여 오빠방의 가운데 부분을 향하여 짧은 "ㅣ"를 쓰다가 방향을 바꾸어 내방을 향하여 올리듯이 쓰다가 끝부분에서 힘을 뺍니다.

이부자리 정리해요	밥 먹어요	이 닦지요	옷을 단정하게 입어요	신발도 예쁘게 신어요	"ㄴ" 쓰기도 했어요	엄마 ! 다 했어요

▸ 어린이가 직접 기록해요(매우 잘함, 잘함, 보통)

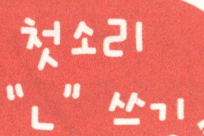

번호는 그리는 순서임

① ㄴ	ㄴ	ㄴ	ㄴ
ㄴ	ㄴ	ㄴ	ㄴ

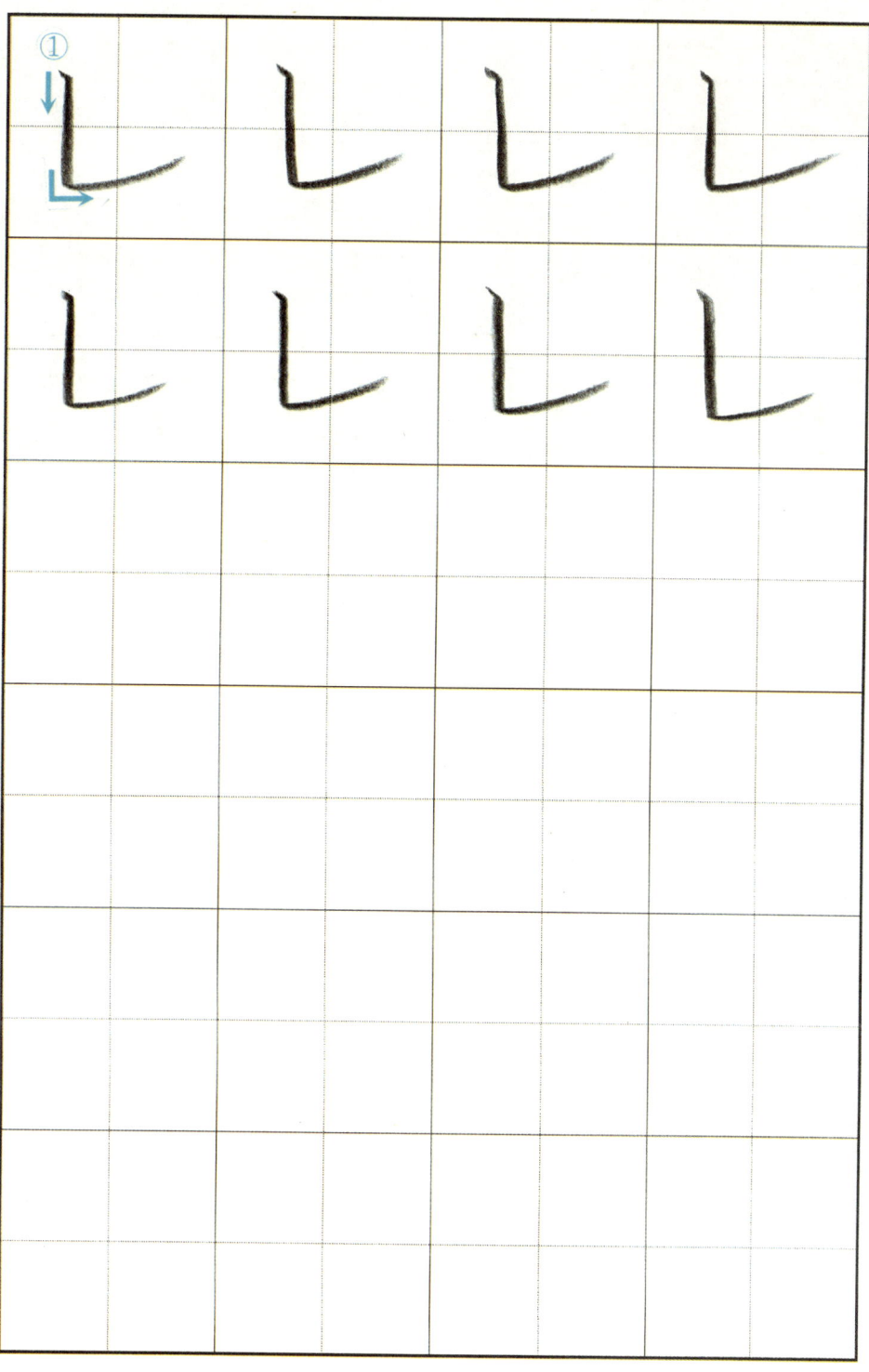

20　　년 (　　)월 (　　)일 (　　)요일

첫소리 "ㄷ" 쓰기

준비물 : 12색 색연필

첫소리 "ㄷ"이 들어가는 낱말

달

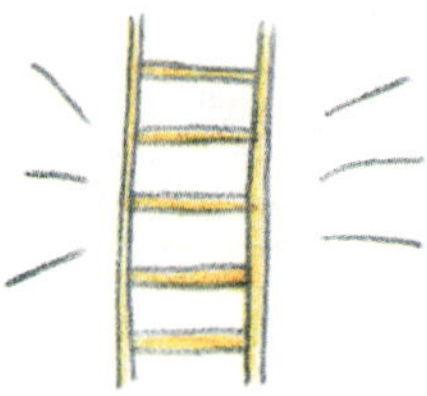

사다리

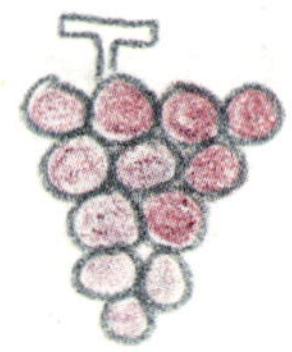

포도

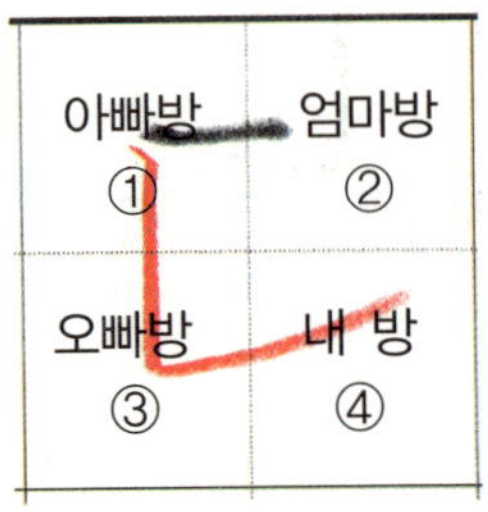

① 검정 색연필로 아빠방의 한 가운데 부분에서 시작하여 엄마방을 향하여 짧은 가운데 점선을 넘자마자 오빠방의 가운데 부분을 향하여 짧은 "ㅡ"를 씁니다.

② 빨강 색연필로 큰 "ㄷ"을 쓸 때처럼 내려 오다가 오빠방의 가운데 지점에서 내 방을 향하여 방향을 바꾸어 올리듯이 쓰다가 끝부분에서 힘을 뺍니다.

이부자리 정리해요	밥 먹어요	이 닦지요	옷을 단정하게 입어요	신발도 예쁘게 신어요	"ㄷ" 쓰기도 했어요	엄마 ! 다 했어요

▸ 어린이가 직접 기록해요(😊 매우 잘함, 🙂 잘함, ☹ 보통)

번호는 그리는 순서임

①
②

ㄷ	ㄷ	ㄷ	ㄷ
ㄷ	ㄷ	ㄷ	ㄷ

20　　년 (　　)월 (　　)일 (　　)요일

첫소리 "ㄹ" 쓰기

준비물 : 12색 색연필

첫소리 "ㄹ"이 들어가는 낱말

소라

한라산

오소리

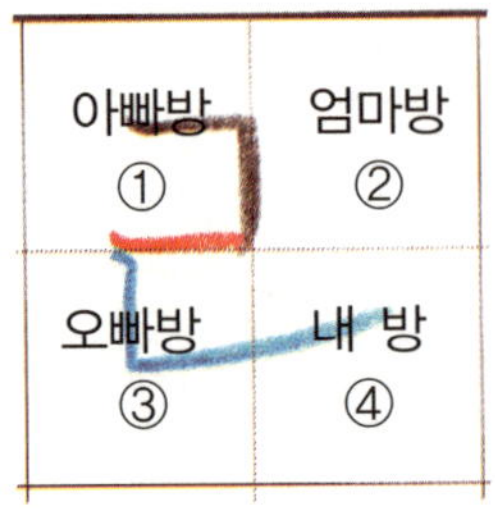

① 검정 색연필로 아빠방의 한 가운데 부분에서 시작하여 가운데 점선에 다다르자 방향을 바꾸어 큰 "ㄱ"처럼 짧게 내려옵니다.

② 빨강 색연필로 아빠방 바닥 가운데에서 시작하여 네 방이 모두 모이는 가운데 지점까지 짧은 "ㅡ"를 씁니다.

③ 파란 색연필로 첫소리 "ㄴ"을 쓸 때처럼 내려 오다가 오빠방의 가운데 지점에서 내 방을 향하여 방향을 바꾸어 올리듯이 쓰다가 끝부분에서 힘을 뺍니다.

이부자리 정리해요	밥 먹어요	이 닦지요	옷을 단정하게 입어요	신발도 예쁘게 신어요	"ㄹ" 쓰기도 했어요	엄마 ! 다 했어요

▸ 어린이가 직접 기록해요(매우 잘함, 잘함, 보통)

번호는 그리는 순서임

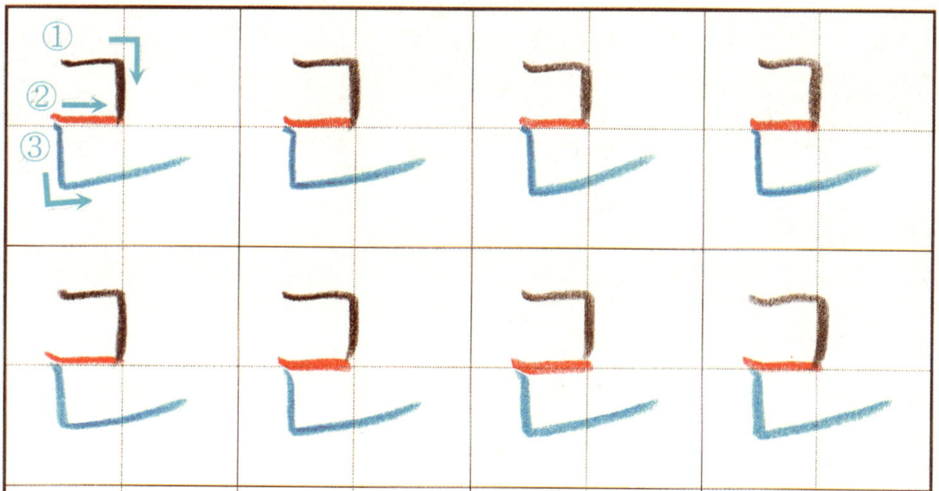

동화

부지런쟁이 보석이

"아함, 잘 잤다! 엄마, 어디 있어요?"

"에구, 우리 보석이 일어났구나! 일찍 일어났네. 아유, 예뻐라. 엄마가 깨우지 않아도 스스로 일어나고……"

보석이는 일찍 일어납니다.

"응, 있잖아. 어제 선생님이 이야기 들려 주셨는데…… 있잖아……"연신 이야기를 할 듯 말 듯 하는 보석이를 엄마는 가만히 바라보며 기다려 줍니다.

"옛날에는 닭이 "꼬끼오"하면 다 일어났대. 닭이 제일 부지런해서 사람들도 깨우고, 강아지도 깨우고, 돼지도 깨웠대." 더듬거리며 천천히 말을 해도 엄마는 가만히 바라보고는 씨익 웃으며 기다리고 있지요

"그리고 …… 음 , 그리고……"

"그리고 또 닭은 알을 낳자마자'꼬끼오'하고 울었대."

"나, 애기 낳았어요" 하는 말을 '꼬끼오'라고 한대요"

일찍 일어난 보석이는 바쁜 엄마에게 어제 들은 이야기를 다시 들려주었어요.

"에구, 우리 귀여운 보석이 선생님 이야기 잘 들었구나. 이렇게 잘 전하는 걸 보니 기특하기도 해라."

"응, 나도 제일 일찍 일어나 엄마, 아빠, 쭈쭈(집에서 기르는 강아지) 다 깨워야겠어. 이제부터."

"이야, 우리 보석이 단단히 마음 먹었네. 일찍 일어나서 엄마 아빠도 도와주렴."

그러면서 보석이는 밥 달라고 야단입니다.

"엄마, 빨리 밥 줘. 우리 선생님이 오늘 또 재미있는 이야기 들려 주신댔어."

엄마는 연신 콧노래를 부르며 아침상을 차립니다.

행복한 아침 모습입니다.

한글의 짜임은 이래요

우리말의 첫소리(초성)는 대부분 닿소리로 시작하는 경우가 많습니다. 그 가운데서도 'ㄱ, ㄴ, ㄷ, ㄹ'은 가운뎃소리가(모음) 글자에 따라서 글씨 모양이 바뀝니다. 바뀌어지는 모양을 익히기 위해 낱자 연습을 해 두는 것이 좋습니다. 아울러 한글의 낱자는 첫소리(초성), 가운뎃소리(중성), 끝소리(종성)로 이루어진다는 것도 지도해 두시면 좋겠습니다 예를 들면 "감기"의 '감'에서 'ㄱ'이 첫소리(초성)이고, 'ㅏ'는 가운뎃소리(중성), 'ㅁ'은 끝소리(종성)이지요.

받침이 없는 낱자는 첫소리와 가운뎃소리만 있는 것이지요.

바른 글씨와 집중력

어린이는 이 땅의 미래이며 우리의 미래입니다.

대한민국의 모든 어린이가 행복한 가정과 학교에서 즐겁게 생활하며 맑고 밝은 생각과 행동으로 잘 자라기를 바라는 마음은 학부모님과 교사 모두의 바람일 것입니다.

어린이들의 해맑은 웃음과 눈물을 보며 함께 지내온 스물다섯 해의 긴 시간들, 저에게는 보배였습니다.

갓 입학하여 연필 잡기도 힘겨워 바들바들 떨며 잡았던 고사리 손들이 졸업할 때쯤이면 제 손보다 마디 하나가 더 긴 손으로 자라 선생님과 누구 손이 더 큰가 대보기도 하며 깔깔 웃어댔습니다. 어디 그뿐인가요? 아래를 내려 보아도 눈을 맞출 수 없어 제가 앉아 눈높이를 맞추며 이야기 했던 어린이가 내가 올려다 보며 이야기할 정도로 키가 커가는 과정을 지켜보며 웃는 일이 저의 행복이었습니다.

그런 어린이들이 언제부터인가 초등학교 입학하기 훨씬 전부터 연필을 잡고 어떤 단계나 과정 없이 글씨를 익히고 무작정 배워 버린 탓에 흥미를 맛보기도 전에 이미 잘못 길들여져 있어 바르게 가르치기가 매우 어려웠습니다.

그래서 '어떻게 하면 걸음마를 시작하는 단계부터 바르게 글씨를 쓰게 할 수 있을까' 하며 궁리하던 끝에, 글씨쓰기를 통하여 학습의 올바른 기초를 길러 주고자 이 단계별 프로그램을 직접 수업에 투입해 보았습니다. '세 살 버릇 여든까지 간다'하였지요. 초등학교 1학년 때 글씨쓰기를 통하여 길러진 공부 습관은 평생 학습의 초석이었습니다.

이야기 글에 나오는 낱말의 짜임 알고 써보기

준비물 : 12색 색연필

① 동화 '부지런쟁이 보석이'에 나오는 낱말 가운데 받침이 없는 낱말을 먼저 써보기로 해요

② 닿소리 'ㅇ'과 홀소리 'ㅜ'가 합하여 '우'가 되는 것 아시겠지요?

③ 닿소리 'ㄹ'과 홀소리 'ㅣ'가 합하여 '리'가 됩니다.

④ 우리 낱말은 모두 닿소리로 시작하지요.

⑤ '애기'와 '어디'도 같은 방법으로 써 보세요

⑥ 받침이 있는 낱말도 같은 순서를 지켜 쓰세요

어머니께 드리는 Tip

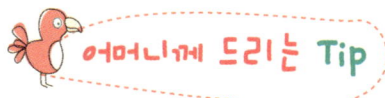

우리 낱말의 짜임을 알아가는 첫단계입니다 닿소리와 홀소리가 만나 글자가 만들어지는 것을 자연스럽게 익히도록 합니다. 이미 앞에서 배운 닿소리와 홀소리가 만나 글자가 되고, 글자와 글자가 만나 낱말이 되는 것을 자연스레 익히게 되는 것이지요.

ㅇ	ㅜ	→	우
ㄹ	ㅣ	→	리
ㅇ	ㅏ	→	아
ㄱ	ㅣ	→	기
ㅇ	ㅓ	→	어
ㄷ	ㅣ	→	디

20　　년 (　　)월 (　　)일 (　　)요일

바	ㅂ	→	밥
어	ㅁ	→	엄
ㅁ	ㅏ	→	마
서	ㄴ	→	선
새	ㅇ	→	생
니	ㅁ	→	님

20　　년 (　　)월 (　　)일 (　　)요일

낱말은 이렇게 만들어져요

① 'ㄱ, ㄴ, ㄷ, ㄹ, …… '과 같은 닿소리(자음자)와 'ㅏ, ㅑ, ㅓ, ㅕ, ㅗ,…… '와 같은 홀소리(모음자) 가 만나 낱자 '가, 나, 다, 라, …… '가 되지요.

② 'ㄱ + ㅏ = 가', 'ㄴ + ㅗ = 노', 'ㅎ + ㅜ = 후'가 되어 낱자를 알게 되지요.

③ '가 +ㅁ = 감', '바 + ㅂ = 밥'처럼 받침이 있는 낱자가 됩니다. 받침이 있는 낱자는 곧 하나의 낱말이 되지요. '감'이나 '밥'은 하나의 낱자이면서 뜻이 명확하므로 낱말이 되기도 합니다. 그러므로 낱말은 낱자가 모여 의미를 전달할 수 있는 것을 말하지요. '감기, 아기, 소나무 … '처럼 낱자와 낱자가 모여 낱말이 되는 것을 알게 해 주세요

④ 낱말과 낱말이 만나면 문장이 됩니다. 예를 들면 '아기' + '가' + '밥' +'을' + '먹었다'= '아기가 밥을 먹었다' 즉 하나의 문장이 됩니다. 이때 '~가', '~을'은 낱말이면서 반드시 앞의 낱말에 붙어 쓰이는 토씨(조사)라 하는데 띄어쓰기에서 어려운 부분이 바로 이 것이지요. 하지만 읽으면서 주의깊게 살펴보면 자연스럽게 익히게 되는 것이 우리 글의 특징이기도 합니다.

큰 글씨로 낱말 쓰기

준비물 : 4B 연필

① 이제부터는 굵은 4B 연필로 큰 글씨를 씁니다.

② "나"를 쓸 경우 아빠방의 가장 가운데지점에서 시작하여 오빠방의 반정도 내려 왔다가 내 방을 향하여 반만큼 가되 끝부분은 조금 치켜 올려 힘을 뺍니다.

③ 다음으로 엄마방의 천정 가운데 맨 높은 지점에서 시작하여 내방까지 내려오다가 끝부분에서 힘을 빼 줍니다.

④ 다른 낱말을 쓸 때 글씨본을 잘 보고 시작과 끝나는 점을 잘 생각한 다음 보고 따라 쓰도록 합니다.

⑤ 4B 연필로 쓰는 글씨는 많은 양을 쓰는 것이 손에 힘이 들어가고 필력이 좋으므로 두 쪽씩 글씨본을 보고 쓰도록 합니다.

⑥ 이제부터 나오는 낱말은 국어 1-가의 내용입니다.

어머니께 드리는 Tip

이제부터 적극적인 자세로 책 읽기를 권합니다. 어린이가 소리내어 읽을 수 있는 짤막한 내용의 그림책부터 시작하는 것이 좋습니다. 엄마와 함께 먼저 소리내어 읽어 보고 한 권을 다 읽으면 제목을 쓰도록 합니다. 다 읽은 책을 230쪽 매일 책 읽기에 기록하고 번호를 쓰는 것도 잊지 마세요.

나, 너,

우리.

아버지,

어머니,

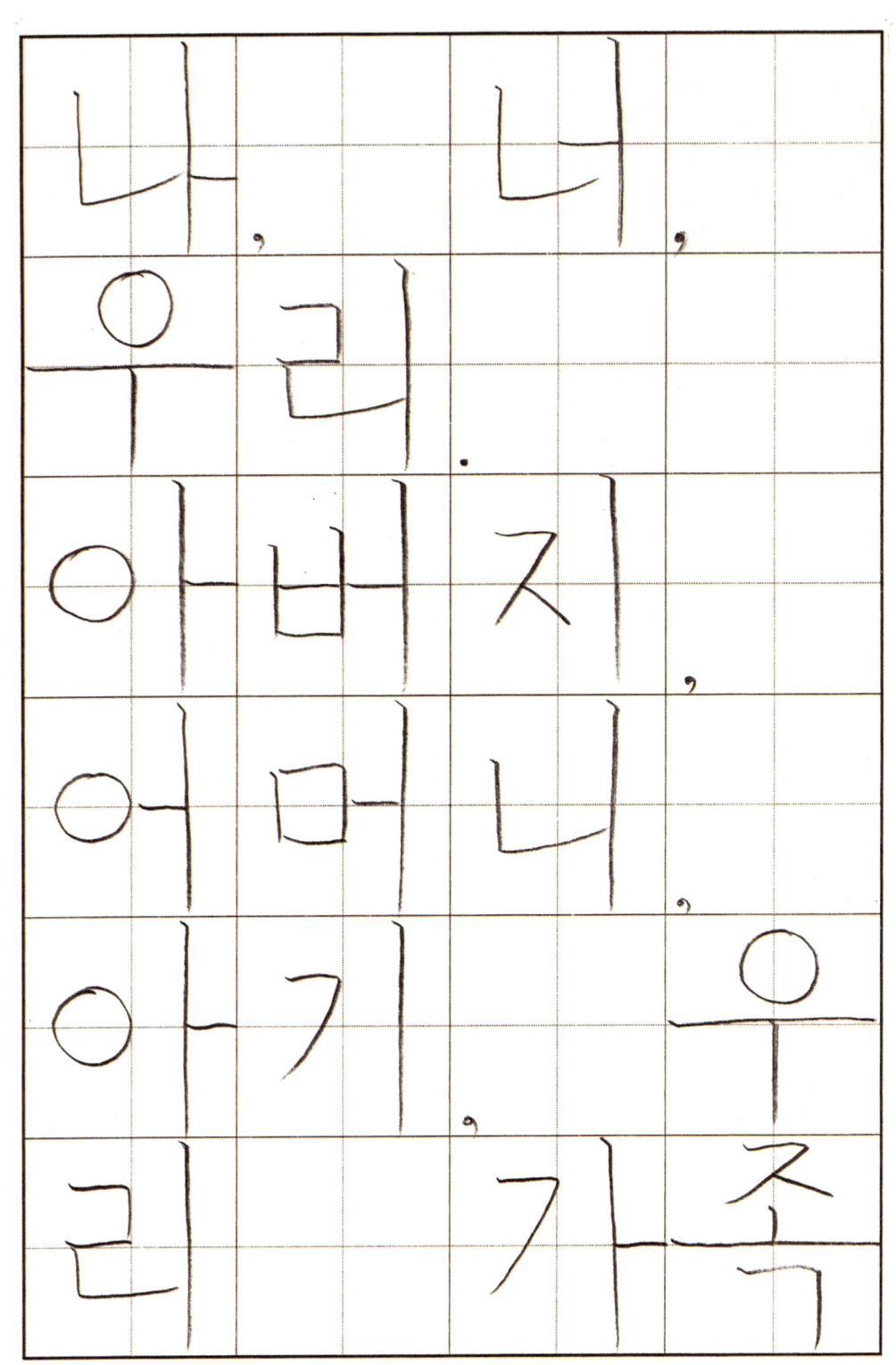

아기, 우리 가족

20　　년 (　　)월 (　　)일 (　　)요일

나비, 사
자, 여우,
타조, 토
끼, 하마,
거미, 노
루, 제비

20　　년 (　　)월 (　　)일 (　　)요일

ㄱ	ㅡ	기	역
ㄴ	ㅡ	니	은
ㄷ	ㅡ	디	귿
ㄹ	ㅡ	리	을
ㅁ	ㅡ	미	음
ㅂ	ㅡ	비	읍

20 년 ( )월 ( )일 ( )요일

ㅅ	ㅡ	시	옷
ㅇ	ㅡ	이	응
ㅈ	ㅡ	지	읒
ㅊ	ㅡ	치	읓
ㅋ	ㅡ	키	읔
ㅌ	ㅡ	티	읕

20　　년 (　　)월 (　　)일 (　　)요일

ㅍ ㅡ 피 읖
ㅎ ㅡ 히 읗
자음자.
모음자
ㅏ ㅑ ㅓ ㅕ
ㅗ ㅛ ㅜ ㅠ

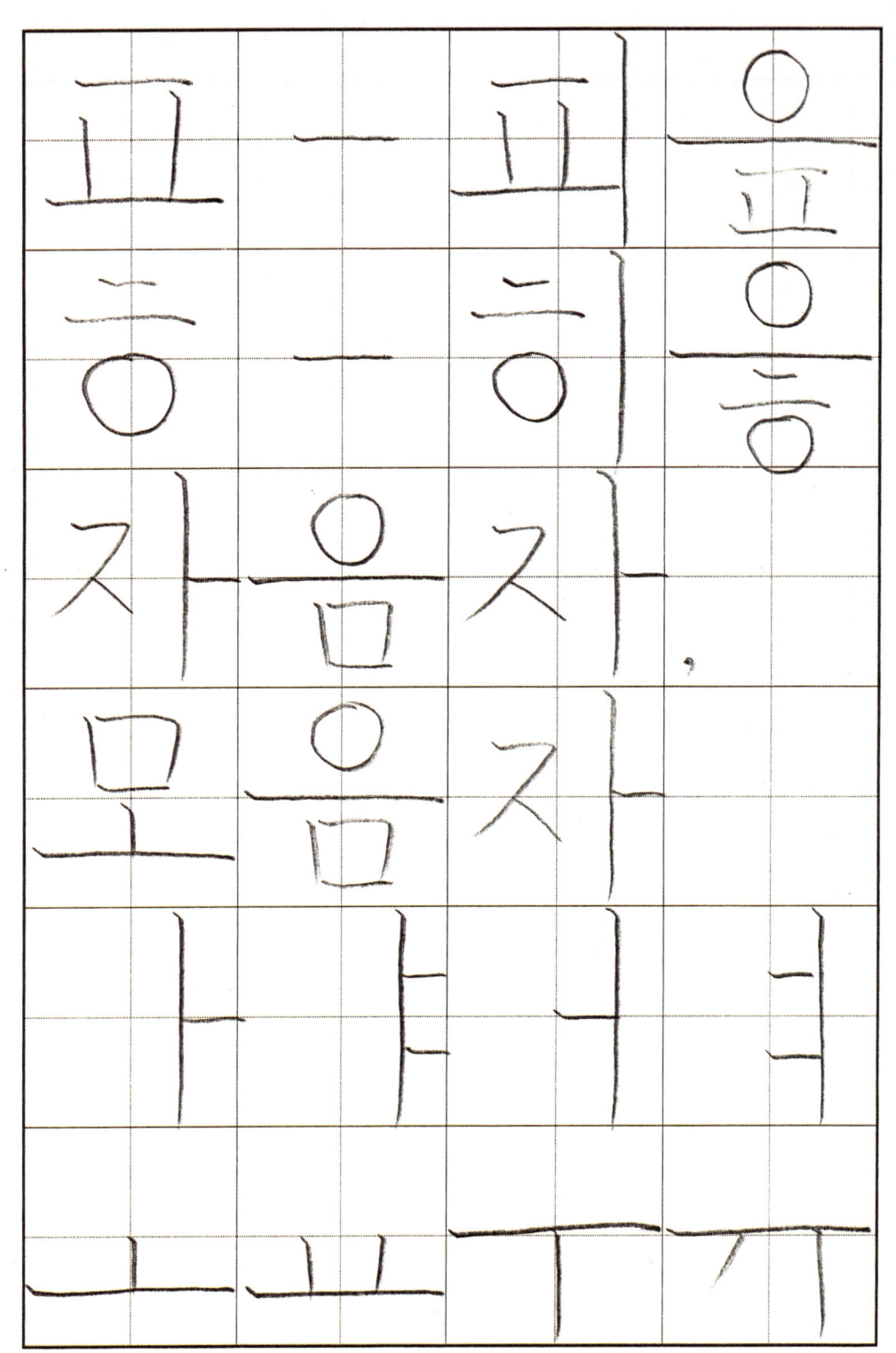

20 년 ( )월 ( )일 ( )요일

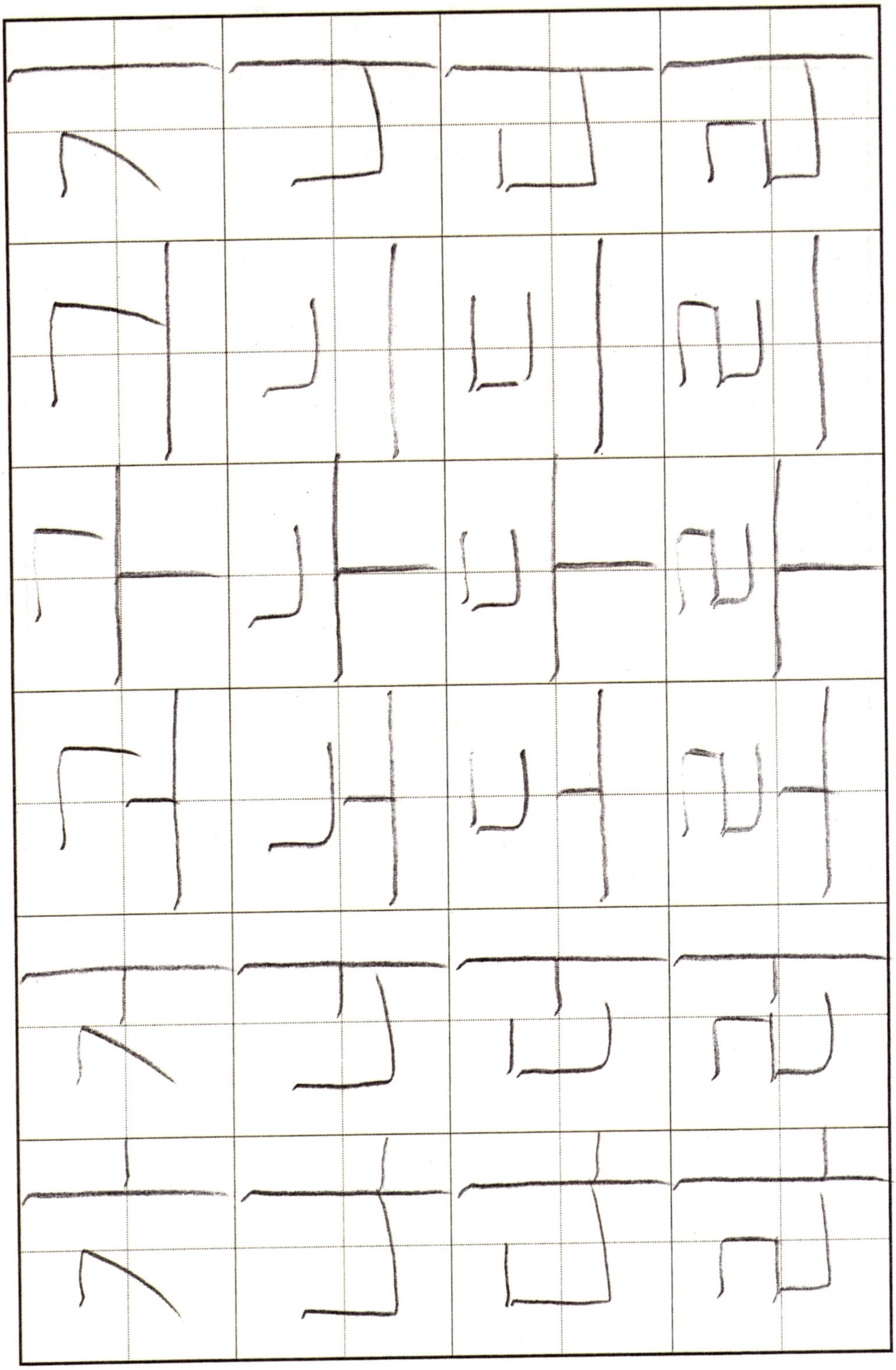

20 년 ( )월 ( )일 ( )요일

20 년 ( )월 ( )일 ( )요일

창, 팔, 손, 물, 강, 밤.

ㅡ ㅡ ㅡ ㅡ ㅡ ㅡ

차 파 소 무 가 바

20　　년 (　　)월 (　　)일 (　　)요일

화분, 칠
판, 책상,
친구, 필
통, 연필,
책, 내
꿈, 김솔

20 년 ( )월 ( )일 ( )요일

기입니다.
별나라에,
궁금합니
다. 우주
선을,
싶습니다.

20　　년 (　　)월 (　　)일 (　　)요일

코끼리, 바다, 바지, 바구니, 오이, 오리, 오소리, 가

20　　년 (　　)월 (　　)일 (　　)요일

	거미
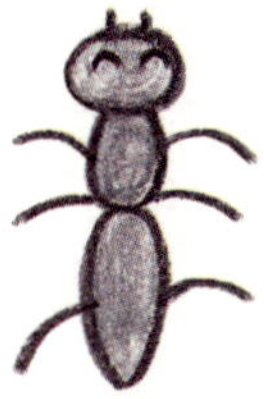	개미
	가방
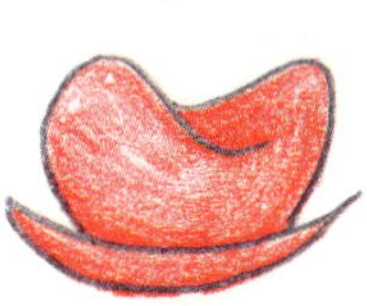	모자
	보리
	타조

20　　년 (　　)월 (　　)일 (　　)요일

나무, 무
슨, 가자
감나무.
배가 아
파, 바람
솔솔, 소

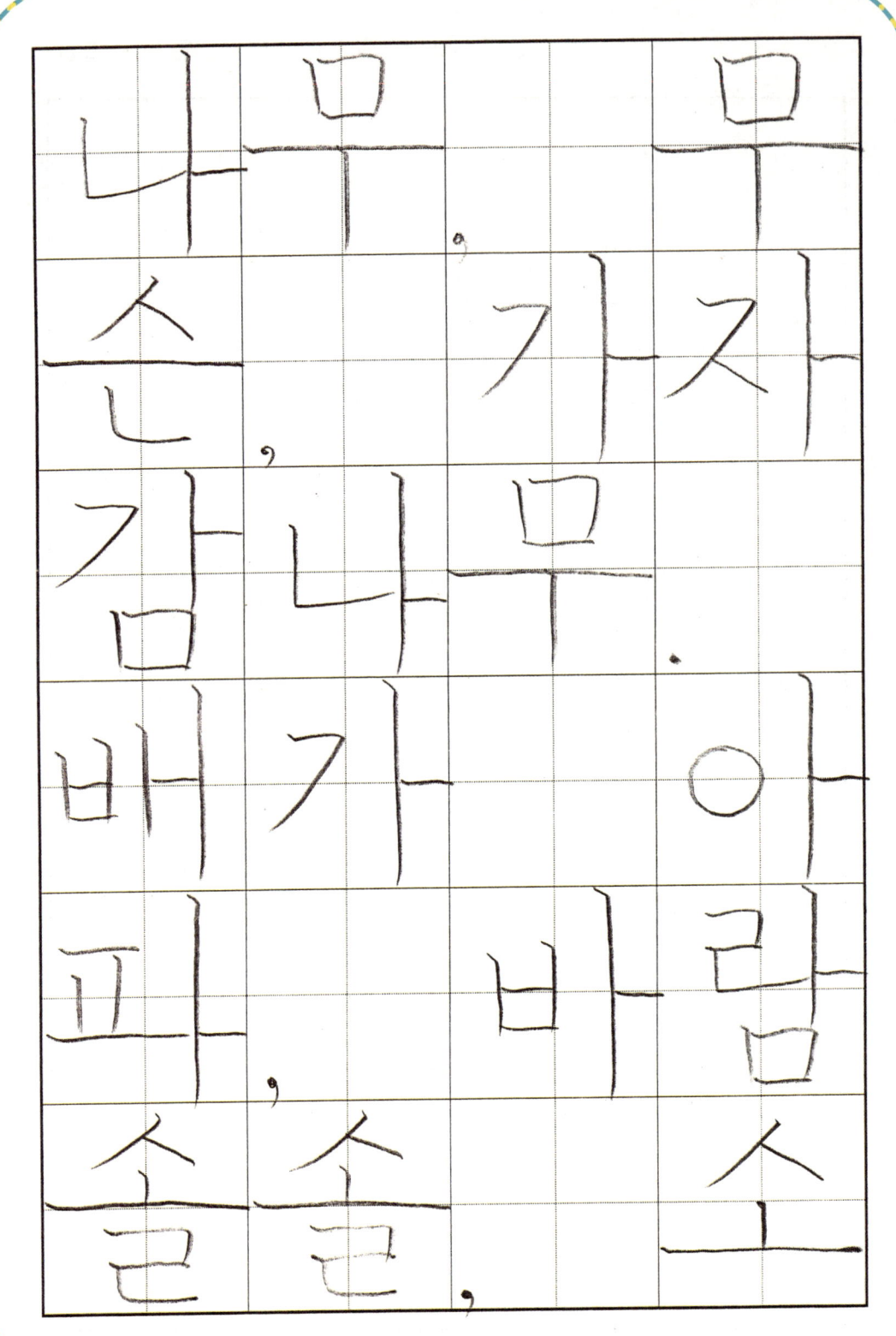

20　　년 (　　)월 (　　)일 (　　)요일

휴지, 다
리, 차표,
포도, 파
자동차,
보름달,
기린.

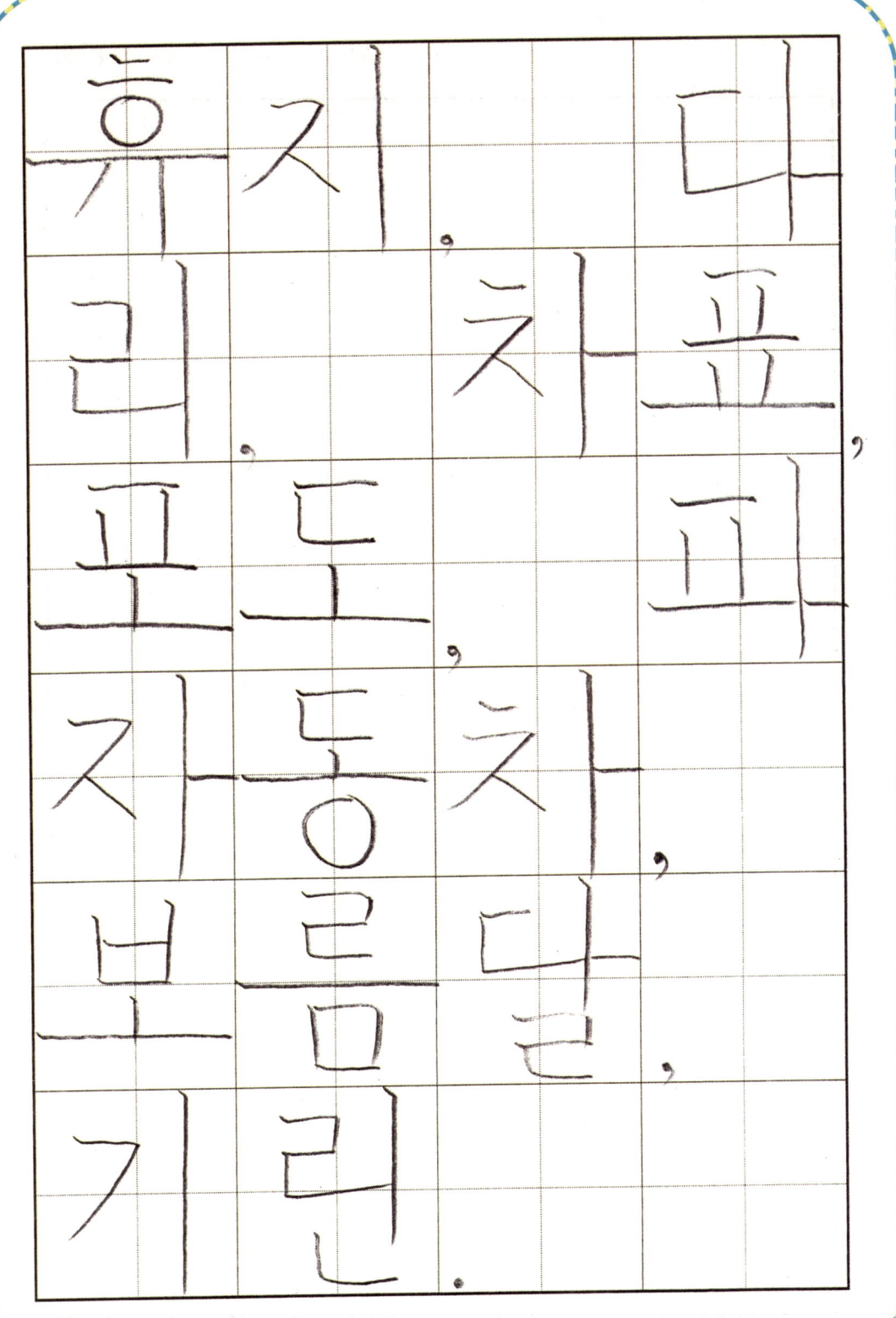

20　　년 (　　)월 (　　)일 (　　)요일

방울, 창
문, 거랑
고기 잡
아, 국
끓여서.
나눠 먹자

20　　년 (　　)월 (　　)일 (　　)요일

올바른 손글씨는 컴퓨터 자판도 저절로 익혀요

책을 즐겨 읽던 영이는 자신도 글을 쓰고 싶었습니다.
그림책을 즐겨 읽고 책의 그림처럼 따라 그려 보기도 하였습니다.
그림을 그릴 때마다 무엇인가 복잡한 생각을 자세히 그려 놓으면 할머니와 할아버지, 아빠와 엄마는 한결같이
“이야, 우리 영이 그림 실력 훌륭한데……”
하며 칭찬하였습니다. 마음대로 연필을 잡고 그림 그리기에 익숙했던 영이는 글씨도 그렇게 스스로 쓸 수 있다고 생각했나 봅니다.
신나게 멋진 그림을 그리고 난 뒤, 글씨에 자신이 없었던 영이는 무릎을 탁 치며 얼른 컴퓨터 앞으로 갔습니다.
‘옳지, 글씨도 컴퓨터로 치면 더 훌륭한 그림책이 될 수 있어.’
그림책에는 손글씨로 쓴 글씨는 볼 수 없었기에 영이는 스스로 으쓱했습니다.
컴퓨터 자판에 앉은 영이는 갑자기 빨갛게 달아오른 얼굴로 소리쳤습니다.
자신이 썼던 순서대로 컴퓨터 자판을 찾아 눌렀더니 글자가 되지 않고 모든 낱자가 따로따로 늘어져 있는 것이었습니다.
‘ㅗㅗㅇㅇ’, ‘ㅣㄱㄹ’, ‘ㄷㅇㅗ’
“엄마 이것 보세요. 내가 홍길동을 쓰려는데 글자가 왜 이렇게 되지요?”
“영이가 놀랐구나. ‘홍’을 쓰려면 ‘ㅎ’ 을 먼저 쓴 다음 ‘ㅗ’를 쓰고 마지막으로 ‘ㅇ’을 붙여야 한단다. ‘길’도 ‘ㄱ’을 먼저 한 다음 ‘ㅣ’ ‘ㄹ’을 순서대로 써야 하거든. 글씨 쓰는 순서를 지켜 쓰지 않으면 컴퓨터 자판의 글씨도 올바르게 알 수 없는 것 알게 되었구나.”
엄마도 놀랐습니다. 아무리 글씨쓰는 순서를 바르게 일러 주어도 듣지 않던 영이는 컴퓨터 자판 글씨를 누르다가 우리 글씨의 순서가 뜻이 있다는 것을 알게 되었습니다.
획순에 맞지 않은 손글씨를 마음대로 익힌 탓에 영이는 컴퓨터 자판을 치게 되면서부터 획의 순서에 맞게 쓰는 것이 중요함을 깨달았습니다.
우리 글에는 닿소리(자음)와 홀소리(모음)이 만나 글자를 만들고 받침이 있을 경우 다시 닿소리(자음)을 써야 완전한 글자가 되는 것 알게 되었답니다.
참고 기다려준 엄마는 영이의 모습을 보며 흐뭇했습니다.

조금 작은 글씨쓰기

준비물 : 2B연필

① 이제부터는 2B 연필로 조금 작은 글씨를 씁니다.
아빠방과 엄마방, 오빠방과 내방의 크기가 많이 작아졌지요?
하지만 위치는 똑 같고 글씨의 크기만 작아졌을 뿐입니다.
2B 연필로 쓰면 더욱 예쁜 글씨가 됩니다.

② 이제는 문장을 쓸 것입니다. 문장이란 낱말이 모여 완전한 생각을 전달할 수 있는 우리말의 단위이지요. 글씨본을 잘 보고 시작과 끝나는 점, 힘주는 곳과 힘을 빼야하는 부분을 잘 염두하여 두 쪽씩 쓰도록 합니다.

③ 문장쓰기는 1학년 국어책의 본문을 쓴 것입니다. 소리내어 읽으면서 쓰면 더욱 도움이 될 것입니다. 때로 긴 본문을 쓸 경우 공책을 옆으로 돌려놓고 쓸 경우도 있음을 미리 알려드립니다.

④ 다음쪽의 글씨본을 보고 오른쪽에 정성들여 써 봅시다.

침팬지의 기분

하늘을 나는 것처럼 자신만만하다가

머리끝까지 화가 날 때도 있고,

슬플 때도 있지만…… .

정말정말 행복할 때도 있어.

"야호."

20　　년 (　　)월 (　　)일 (　　)요일

비눗방울 날아라.
지붕 위에 동동
동.
하늘까지 올라라.
둥실둥실 두둥실.
뚜, 뚜.
나팔꽃이 일어나
래요.
똑, 똑.
아침 이슬이 세
수 하래요.
방긋, 방긋.

20 년 ( )월 ( )일 ( )요일

괜찮아
가미는 작아.
괜찮아!
영차영차 나는 힘이 세.
고슴도치는 가시가 많아.
괜찮아!
뾰족뾰족 나는 무섭지 않아.
타조는 못 날아.

20　　년 (　　)월 (　　)일 (　　)요일

괜찮아!

기린은 목이 너무 길어.

괜찮아!

길쭉길쭉 나는 높이 닿아.

그럼 나는?

괜찮아!

나는 크게 웃을 수 있어.

20　　년 (　　)월 (　　)일 (　　)요일

앗! 따끔!

준혁아, 아침 먹고 병원에 갔다 오자!

엄마! 난 준혁이가 아니에요.

난 사자예요.

사자는 병원에 안 가요.

사자가 얼마나 힘이 센데요!

사자도 아프면

20　　년 (　　)월 (　　)일 (　　)요일

병원에 가야지. 그래야 병이 빨리 낫지.

어서 나와라. 이러다 늦겠어.

난 늦을 수밖에 없어요. 난 거북이거든요.

걱정마. 우리는 버스 타고 갈 거야.

오준혁 어린이

20　　년 (　　)월 (　　)일 (　　)요일

들어오세요!

난 오준혁 어린이 아니에요. 다람쥐라고요!

어디 보자……

우리 준혁이는 주사 한 대만 맞으면 되겠구나.

난 준혁이가 아니라니까요. 악어라고요!

악어는 딱딱해

20　　년 (　　)월 (　　)일 (　　)요일

서 주사 못 맞
아요!
아! 따끔!
어? 별로 아프
지 않네?
와, 우리 악어
정말 대단해!
나, 악어 아닌
데요?
난 씩씩한
오준혁이에요!

20 년 ( )월 ( )일 ( )요일

(1) 재훈이가 딸기를 먹습니다.

(2) 곰이 노래를 부릅니다.

(3) 원숭이가 피아노를 칩니다.

(4) 모두 즐겁게 춤을 춥니다.

· 토끼가 뛰어갑니다.

· 거북이가 기어갑니다.

20 년 ( )월 ( )일 ( )요일

흉내 내는 말

짹짹, 데굴데굴, 아장아장, 딸랑딸랑.

뒤뚱뒤뚱
어디를 가나요?
꽥꽥꽥
무엇을 하나요?
첨벙첨벙
재밌게 물장구치며 놀지요

20 년 ( )월 ( )일 ( )요일

현수야

네가 준 강아지와 친한 친구가 되었어. 고마워! 이름은 초롱이야. 눈빛이 별처럼 초롱초롱해서 초롱이란다.

초롱이가 얼마나 컸는지 궁금하지? 다음에 함께 만나자.

20　　년 (　　)월 (　　)일 (　　)요일

소 세 마리

누렁소 세 마리는 언제나 함께 다녔어요. 호랑이는 소를 잡아먹고 싶었어요. 그래서 날마다 기회만 엿보고 있었지요.

어느 날, 호랑이가 덤벼들려고 하였어요.

20　　년 (　　)월 (　　)일 (　　)요일

그러자 소 세 마리는 한데 모였지요.

"애들아, 우리 힘을 합칠까?"

"좋아!"

누렁소 세 마리는 호랑이한테 뿔을 들이밀었어요. 그러자 호랑이는 "아이쿠!" 하며 달아났어요.

20　　년 (　　)월 (　　)일 (　　)요일

바람이 좋아요
엄마, 바람개비
만들었어요. 예쁘
죠?
혼자서 만든
거예요.
우리 통이 대
단한데? 색칠도
혼자 한 거야?
그럼요. 어, 왜
안 돌아가지?
야호! 돌아간다!

20　　년 (　　)월 (　　)일 (　　)요일

그런데 왜 바람개비는 앞으로 쭉 내밀어야 돌아가는 거죠?

바람개비는 바람이 있어야 돌아가.

후-하고 불어 봐.

후-후- 와, 날아간다!

민들레 씨앗이

20　　년 (　　)월 (　　)일 (　　)요일

멀리멀리 가고 싶은가 봐요.

바람이 어디든 데려다 줄 거야.

비가 세차게 쏟아지는 날,

바람이 우산을 이리저리 잡아당겨요.

바람이 우리 통이보다 힘이 센가 보다.

20　　년 (　　)월 (　　)일 (　　)요일

공차기를 하고 난 뒤 땀이 주르륵 흐르면 바람이 와서 살며시 닦아 주어요.

참 고마운 바람이구나.

빨래들이 신나게 춤을 추어요.

바람과 함께

20　　년 (　　)월 (　　)일 (　　)요일

하나, 둘, 셋. 하나, 둘, 셋.

어느새 뽀송뽀송 다 말랐어요.

엄마는 바람이 좋아.

생일 케이크 촛불을 끄는 것도 바람이에요.

후- 하고 불면 내 바람이 이루어져요.

20　　년 (　　)월 (　　)일 (　　)요일

그림일기 쓰기

준비물 : 12색 색연필, 2B연필

① 내 생각과 겪은 일을 토대로 쓰는 일기의 기본은 그림일기입니다. 겪었던 일을 생각하며 먼저 그림으로 그려보는 것입니다

② 주인공은 물론 내가 되겠지요? 그리고 누구랑 어디에서 무엇을 한 일을 그리는 것인지 나타나 있어야겠지요?

③ 그림속 일을 겪었을 때 나는 어떤 생각을 하였을까요?

④ 물음에 답하며 그림일기의 내용을 써야할 곳에 써 보도록 합니다.

⑤ 예순 여섯 글자(원고지 0,64매)의 분량을 3주에서 4주동안 매일 써보 면 글쓰는 능력은 매우 향상됨을 알 수 있을 것입니다.

⑥ 스스로 다 마쳤을 경우 아낌없는 칭찬과 격려를 해 주십시오.

⑦ 꾸준히 독서하고 있지요? 다양한 그림책을 많이 읽으면 더욱 훌륭한 그림일기를 쓸 수 있답니다.

도서실

도서실에서 숙제를 했다. 임범이와 함께 있어 외롭지 않았다. 책 많이 읽고 지민이처럼, 똑똑해져야지.

20　　년 (　　)월 (　　)일 (　　)요일

20 년 ( )월 ( )일 ( )요일

20　　년 (　　)월 (　　)일 (　　)요일

작은 글씨쓰기

준비물 : B연필 또는 2B연필

① 이제부터 가운데 점선이 없는 칸 글씨를 쓸 것입니다. 여태까지 충분히 자형을 익히며 글씨 썼기에 충분히 할 수 있습니다. 다만 마음 속으로 시작할 때 획의 위치와 끝날 때 위치, 힘주고 시작하여 힘빼기로 끝맺음하는 것 기억하시지요?

② 국어책의 본문과 내용 공부를 함께 하도록 합니다.

③ 아직 B연필이 익숙치 않으면 처음 몇 번은 2B연필을 써도 무방합니다.

* '소금을 만드는 맷돌'은 우리나라 전래동화이며 2009 개정 교과서 이전 1학년 읽기 책에 실렸던 내용임을 밝힙니다.

* 공책을 글씨본 방향으로 돌려 쓰도록 해 보세요. 가로 열 네칸, 세로 열줄이므로 한 쪽을 쓰면 일백 사십 자가 됩니다. 원고지 쓰기 전에 이 과정부터 시작하지요.

소금을 만드는 맷돌

옛날 옛적에 어느 임금님이 신기한 맷돌을 가지고 있었습니다. '나와라, 밥!' 하면 밥이 나오고, '그쳐라, 밥!' 하면 뚝 그치는 신기한 맷돌이었답니다.

어느 날, 도둑이 궁궐에 들어와 맷돌을 훔쳐 갔습니다. 도둑은 배를 타고 바다

20　　년 (　　)월 (　　)일 (　　)요일

를 건너다가 외쳤습니다.
"나와라, 소금!"
그러자 맷돌에서 하얀 소
금이 쏟아져 나왔고, 점점
배 안에 쌓여 갔습니다. 배
가 기우뚱거리기 시작하였습
니다.
도둑은 너무 놀라 '그쳐
라, 소금!' 이라는 말을 잊
어버렸습니다. 결국, 맷돌은

20　　년 (　　)월 (　　)일 (　　)요일

맷돌은 도둑과 함께 바닷속에 가라앉고 말았습니다. 바닷속에서도 맷돌은 쉬지 않고 돌았습니다. 그래서 바닷물이 짜게 되었답니다.

△ 옛이야기 - 옛날부터 전해 내려오는 이야기

△ 맷돌 - 곡식을 가는 데 쓰는 도구

△ 궁궐 - 임금님이 사는 곳

20　　년 (　　)월 (　　)일 (　　)요일

금강산 도라지

옛날, 금강산 어느 골짜기에 도라지라는 착한 아이가 살았어요. 도라지의 어머니는 3년 전에 병으로 돌아가셨어요.

도라지네 집은 가난하였어요. 어머니의 약값으로 빌린 돈이 많았기 때문이에요. 아버지와 도라지는 빚을 갚기

20　　년 (　　)월 (　　)일 (　　)요일

위하여 열심히 일하였어요.
그러나 약속한 날짜가 되도록 빌린 돈을 모두 갚지 못하였어요. 그래서 돈을 빌린 부자네 집으로 가서 일을 하기로 하였어요.
아버지는 도라지를 남의 집에 보낼 생각에 그만 병이 나고 말았어요.
"아버지, 어서 기운을 차

20　　년 (　　)월 (　　)일 (　　)요일

리세요."
"어린 너를 어찌 보낸단
말이냐?"
도라지는 슬퍼하는 아버지
께 걱정하지 마시라고 말씀
드렸어요. 그리고 산 너머에
있는 부자네 집으로 갔어요
산 너머 부자네 집으로
가는 도중에 도라지는 어머
니가 보고 싶어졌어요. 도라

20　　년 (　　)월 (　　)일 (　　)요일

지는 어머니 무덤을 찾아갔
어요.
"어머니! 제가 왔어요."
도라지는 어머니 무덤 앞
에 쓰러지듯 엎드려 절을
하였어요. 도라지는 구슬 같
은 눈물을 흘렸어요.
"어머니!"
몹시 지친 도라지는 어머
니를 부르며 울다가 그만

20　　년 (　　)월 (　　)일 (　　)요일

영영 잠이 들고 말았어요.
그 뒤, 무덤 앞에는 하얀
꽃 한 송이가 피어났어요.
사람들은 도라지가 피어난
꽃이라고 하여 그 꽃을 '
도라지꽃'이라고 불렀어요.
⊗도라지꽃 이름의 유래 – 도
라지가 엄마 무덤에서 울다
가 잠이 든 자리에서 핀
꽃이어서

20　　년 (　　)월 (　　)일 (　　)요일

꾀를 내어서

옛날, 어느 마을에 항상
머리를 긁적이는 박박이가
살고 있었어요. 그리고 코를
잘 흘리는 코흘리개와 눈
눈을 비비는 눈첩첩이도 살
고 있었어요.
하루는 이 세 친구에게
떡이 한 접시 생겼어요. 세
친구는 내기에서 이긴 사람

20 년 ( )월 ( )일 ( )요일

이 떡을 몽땅 먹기로 하였어요. 머리를 긁거나 코를 닦거나 눈을 비비지 않고, 오래 참는 사람이 떡을 먹는 내기였어요. 세 친구는 모두 떡을 먹고 싶은 마음에 꾹꾹 참고 있었어요.

그런데 박박이는 머리가 너무 가려웠어요. 그래서 꾀를 내었어요.

20　　년 (　　)월 (　　)일 (　　)요일

"내가 뒷산에서 노루를 보았는데, 뿔이 여기에도 돋고, 여기에도 돋고……."

박박이는 머리의 가려운 곳을 여기저기 툭툭 눌러 가며 긁었어요.

그랬더니 코흘리개가 말하였어요.

"아이고, 내가 봤더라면 당장 활을 쏘았을텐데……"

20 년 ( )월 ( )일 ( )요일

코흘리개는 활 쏘는 흉내를 내며 옷소매로 코를 닦았어요.

그러자 눈첩첩이가

"안 돼, 활을 쏘면 안 돼."

하고 말하면서 손을 휘휘 내저어 눈을 비볐대요.

20　　년 (　　)월 (　　)일 (　　)요일

그림일기와 일기 쓰기로 글쓰기를 시작해요

예로부터 그림과 글은 항상 친한 친구였어요. 추사 김정희 선생님은 '세한도'라는 그림과 글을 남겨 후세 사람들에게 자신의 마음을 알렸지요.

어린이에게 글쓰기의 시작은 그림입니다. 손에 연필을 잡기 시작하면서 어린이들은 무엇인가 그리기 시작합니다. 어른들은 알 수 없는 선과 모양들을 그려나가지만 무엇을 그리는지 물어보면 나름대로 설명하면서 그려나가는 것을 발견하셨을 것입니다.

그림 속에는 어린이의 마음이 담겨 있습니다.

기쁘고, 사랑하고 즐거운 마음, 그리고 화나고 슬프며 미워하는 마음까지도 그림으로 나타내지요. 글을 쓰기 시작할 즈음 어린이와 이야기를 나누며 자신만의 그림으로 그려 보는 것이 글쓰기의 시작 단계라 할 수 있습니다. 무엇을 그렸는지 물어본 다음 어린이의 입으로 나온 대답을 글로 써 보는 것이 바로 글쓰기의 시작이라는 것을 잊지 마시기 바랍니다.

많이 쓰도록 강요하기 보다는 마음 속 생각을 표현할 수 있는 질문을 한 다음 대답한 내용을 그대로 그림일기로 쓰도록 지도해 주세요. 많은 그림책을 엄마와 함께 읽어보고 그림을 자세히 살펴보면서 묻고 대답하는 과정이 상상력을 기르기에 좋은 방법입니다.

일기쓰기

준비물 : B연필

① 하루 동안 있었던 일 가운데 기억에 남는 일이 무엇인가요?

② 주인공은 물론 내가 되겠지요? 그리고 누구랑 어디에서 무엇을 어떻게 하였는 지나를 중심으로 써보도록 합니다. 이 때 "나" 또는 "내가"는 자꾸 쓰지 않아도 알 수 있습니다.

③ 누구에게 들은 내용을 " "안에 넣어 그대로 써도 좋습니다.

④ 반드시 자신의 생각을 거짓없이 솔직하면서 자세히 써야 하는 것 기억하시지요?

⑤ 맨 위 첫 번 째 줄에는 날짜와 요일, 날씨를 씁니다.

⑥ 끝까지 다 썼을 경우 원고량이 일백 사십자 정도의 분량입니다 스스로 다 마쳤을 경우 아낌없는 칭찬과 격려를 해 주십시오.

⑦ 별책 <워크북>에 계속 이어 쓰도록 합니다.

10월 29일 토요일

대청소

대청소를 했다. 안방, 마루, 내 방을 쓸고 닦았다. 아주머니께서

"자세가 아주 잘 나오네. 정말 훌륭한데……."

라고 하셨다.

나는 마치 엄마가 된 기분이었다. 잘했다고 칭찬을 들으니까 또 하고 싶은 생각이 들었다.

내가 닦은 마루는 유리창같이 반짝거린다. 내 얼굴도 어른거린다. 마음도 깨끗해졌다.

20　　년 (　　)월 (　　)일 (　　)요일

20　　년 (　　)월 (　　)일 (　　)요일

받아쓰기 (1급-15급)

준비물 : B연필

① 받아쓰기 내용을 실어 둡니다. 자형에 맞게 한번씩 써보고 시험해 보면 자신의 맞춤법 실력을 알 수 있을 것입니다.

② 먼저 한번씩 읽힌 다음 어머니는 불러주고 어린이는 받아쓰도록 합니다

③ 불러 줄 때 띄어 읽기와 쉬어 읽기를 지켜 불러 주면 띄어 써야할 곳을 자연스럽게 익히게 됩니다.

④ 1급부터 15급까지 올라갈수록 어려운 낱말과 긴 문장들을 수록해 두었습니다. 국어 교과서에 기초한 내용이면서 조금 더 어려운 단계까지 공부할 수 있도록 계획하였습니다.

(1) 나
(2) 너
(3) 우리
(4) 아버지
(5) 어머니
(6) 아기
(7) 우리 가족
(8) 나비
(9) 사자
(10) 여우

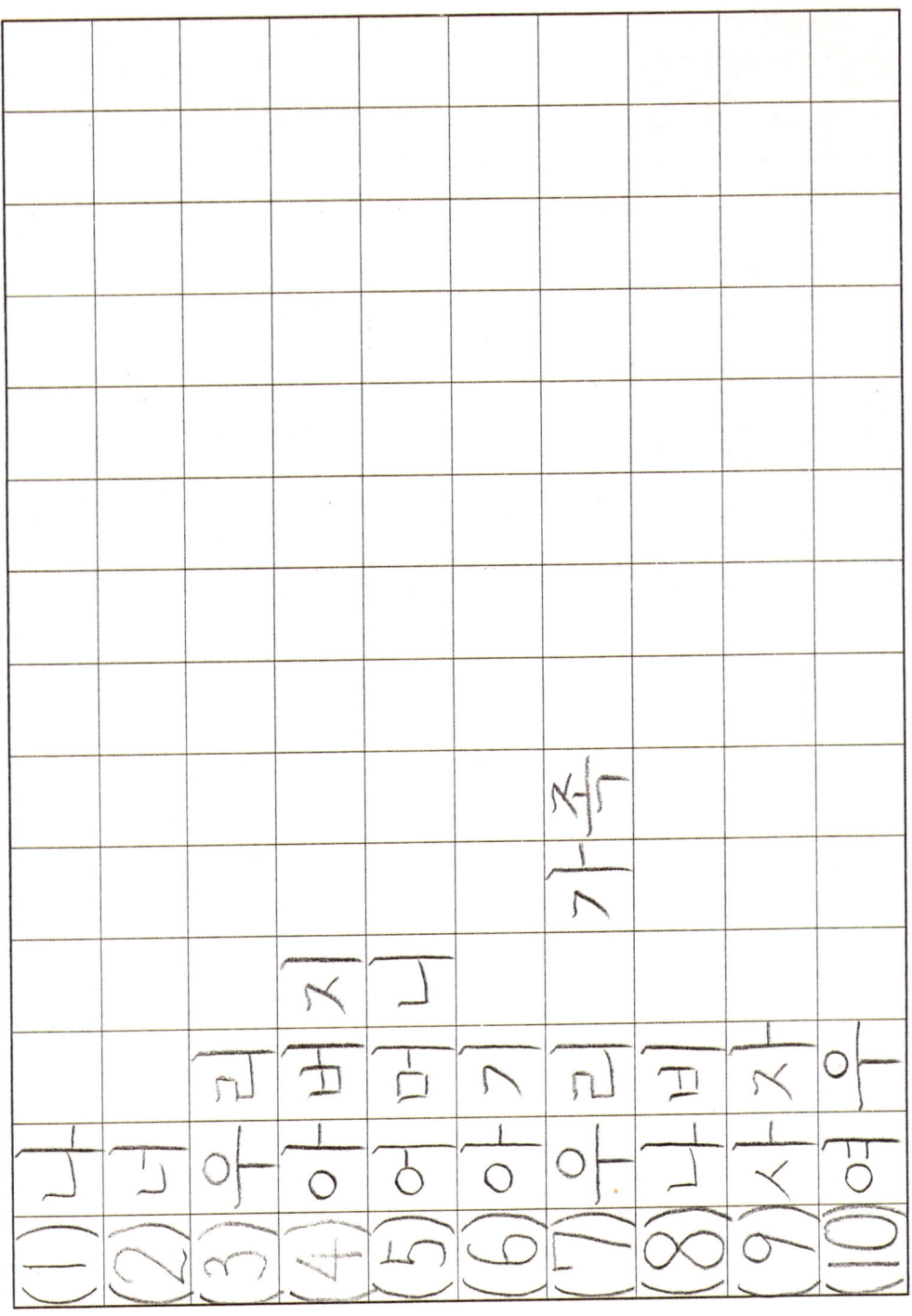

(1) 타조
(2) 토끼
(3) 하마
(4) 제비
(5) 노루
(6) 거미
(7) 코끼리
(8) 동물원
(9) 이름
(10) 연필

(1) 자두
(2) 고양이
(3) 오리
(4) 주머니
(5) 파리
(6) 고구마
(7) 모자
(8) 마늘
(9) 타조
(10) 바위

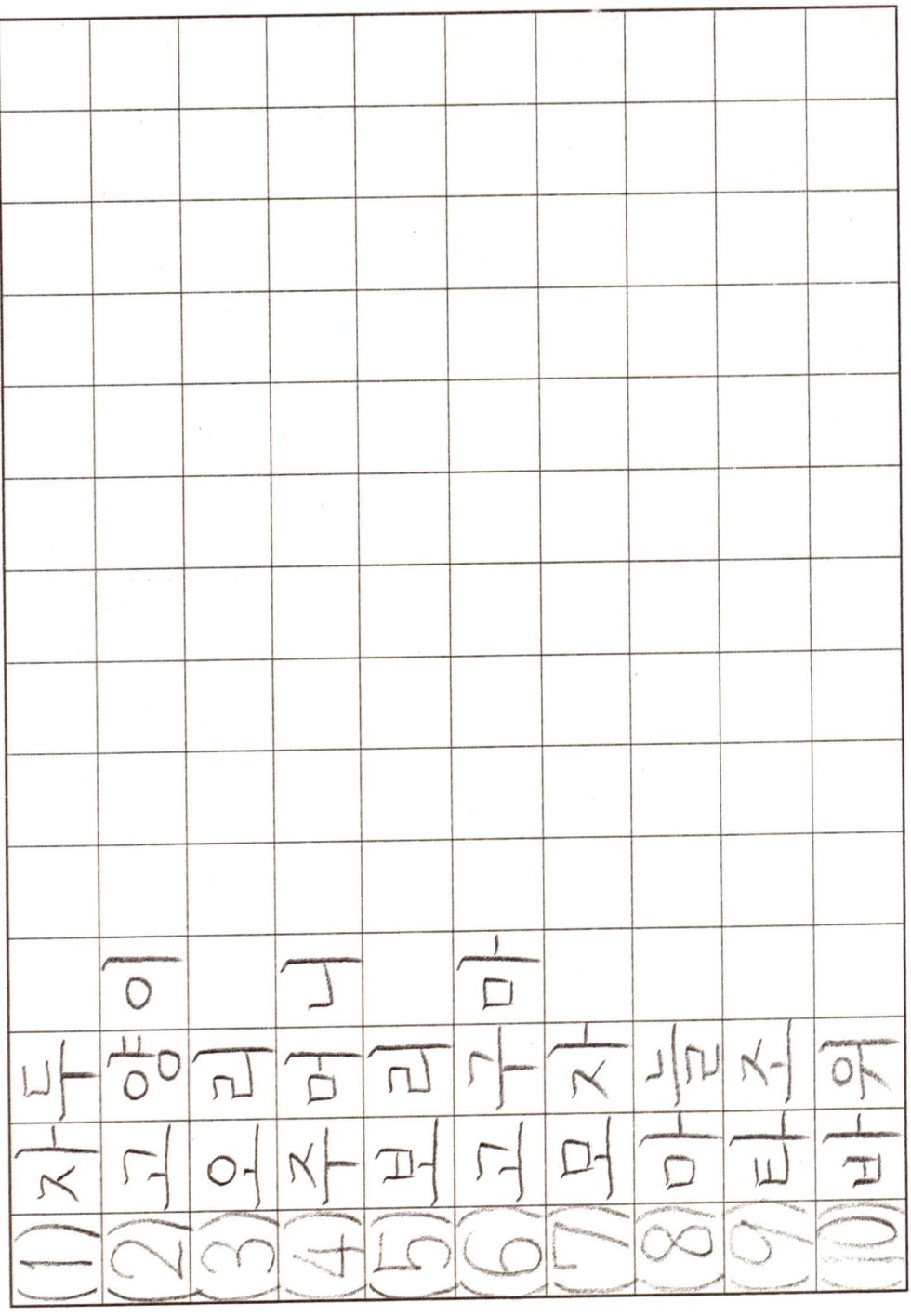

(1) 나무
(2) 가자
(3) 배가 아파
(4) 바람 솔솔
(5) 가갸 가다가
(6) 거겨 거랑에
(7) 고교 고기 잡아
(8) 구규 국 끓여서
(9) 나냐 나하고
(10) 너녀 너하고

(1) 내 꿈
(2) 김슬기입니다.
(3) 별나라에
(4) 누가 사는 지
(5) 궁금합니다.
(6) 우주선을 타고
(7) 가 보고
(8) 싶습니다
(9) 곤충
(10) 창

(1) 네 소원이 무엇이냐?
(2) 듣는 사람을
(3) 바라보며
(4) 말끝을 흐리면
(5) 안 된단다.
(6) 부끄러워하지 않고
(7) 하늘을 걷는 것처럼
(8) 자신만만하다가
(9) 머리끝까지
(10) 행복할 때도 있어

(1) 나팔꽃이
(2) 일어나래요.
(3) 아침 이슬이
(4) 세수하래요.
(5) 비눗방울 날아라.
(6) 바람타고 동동동
(7) 구름까지 올라라
(8) 지붕 위에 동동동
(9) 괜찮아
(10) 고슴도치는 가시가 많아

(1) 버스 타고 갈 거야.

(2) 다람쥐라고요!

(3) 주사 한 대만 맞으면

(4) 악어는 딱딱해서

(5) 별로 아프지 않네?

(6) 정말 대단해!

(7) 난 씩씩한 오준혁이에요!

(8) 딸기를 먹습니다.

(9) 노래를 부릅니다.

(10) 피아노를 칩니다.

(1) 호랑이가 술래입니다.

(2) 토끼가 뛰어갑니다.

(3) 거북이가 기어갑니다.

(4) 참새가 짹짹

(5) 아이가 아장아장

(6) 딸랑딸랑 방울을

(7) 데굴데굴 굴러갑니다.

(8) 뒤뚱뒤뚱 엄마따라

(9) 물놀이 가지요.

(10) 꽥꽥꽥 아기오리

(1) 이가 너무 아팠습니다

(2) 얼굴을 찡그리자

(3) 울음을 터뜨리고

(4) 친한 친구가 되었어

(5) 눈빛이 별처럼

(6) 얼마나 컸는지 궁금하지?

(7) 좋은 친구가 되었다니

(8) 초롱이가 보고 싶어

(9) 언제나 함께 다녔어요.

(10) 기회만 엿보고

(1) “애들아, 힘을 합칠까?”

(2) 뿔을 들이 밀었어요.

(3) 혼자서 만든 거예요.

(4) 앞으로 쑥 내밀어야

(5) 바람이 있어야 돌아가

(6) 민들레 씨앗이

(7) 비가 세차게 쏟아지는 날

(8) 힘이 센가 보다

(9) 공차기를 하고 난 뒤

(10) 살며시 닦아 주어요.

(1) 빨래들이 신 나게

(2) 바람과 함께

(3) 뽀송뽀송 다 말랐어요.

(4) 촛불을 끄는 것도

(5) 내 바람이 이루어져요.

(6) 나도 바람이 좋아요.

(7) “예솔아, 달팽이 좀 봐.”

(8) 화분에서 떨어져

(9) 놀란 표정으로 피하였다.

(10) 화분으로 옮겨 주었다.

(1) 나는 씽긋 웃으며
(2) 손을 흔들어 주었다.
(3) 잘 살았으면 좋겠다.
(4) 오랜만에 삼촌이
(5) 반가웠습니다.
(6) 참 심심해 보였습니다.
(7) 줄넘기를 잘하였습니다.
(8) 열심히 연습해야겠다고
(9) 아침에 늦게 일어났다.
(10) 허둥지둥 학교로

(1) 생일 잔치를 했다.
(2) 통닭과 과자를 맛있게
(3) 빨리 왔으면 좋겠다.
(4) 학교에 가서 공부를
(5) 숙제를 하고 잤다.
(6) 어머니께서 곰 인형을
(7) 곰 인형과 함께 자라고
(8) 사 주신 것이다.
(9) 선물 받아서
(10) 기분이 좋았다.

매일 책읽기

매일 동화책이나 이야기책을 읽고 다 읽으면 누가 기록합니다.

매일 한 권씩 읽고 기록하다가 점차 읽는 권수를 늘려 나가도록 합니다. 10권, 50권, 100권 읽을 때마다 적절한 격려를 하며 지속적으로 진행하세요.

번호	날짜	읽은 책 제목	엄마 칭찬

번호	날짜	읽은 책 제목	엄마 칭찬

글씨왕 맵시왕

초판 1쇄 2013년 5월 31일

•
지은이 – 이향숙
펴낸이 – 채주희
펴낸곳 – 해피 & 북스
•
서울시 마포구 신수동 448-6
출판등록 – 제10-1562호(1985. 10. 29)
•
TEL – (02)323-4060, 6401-7004
FAX – (02)323-6416
e-mail – elman1985@hanmail.net
•
값 12,000원

잘못된 책은 바꾸어 드립니다.

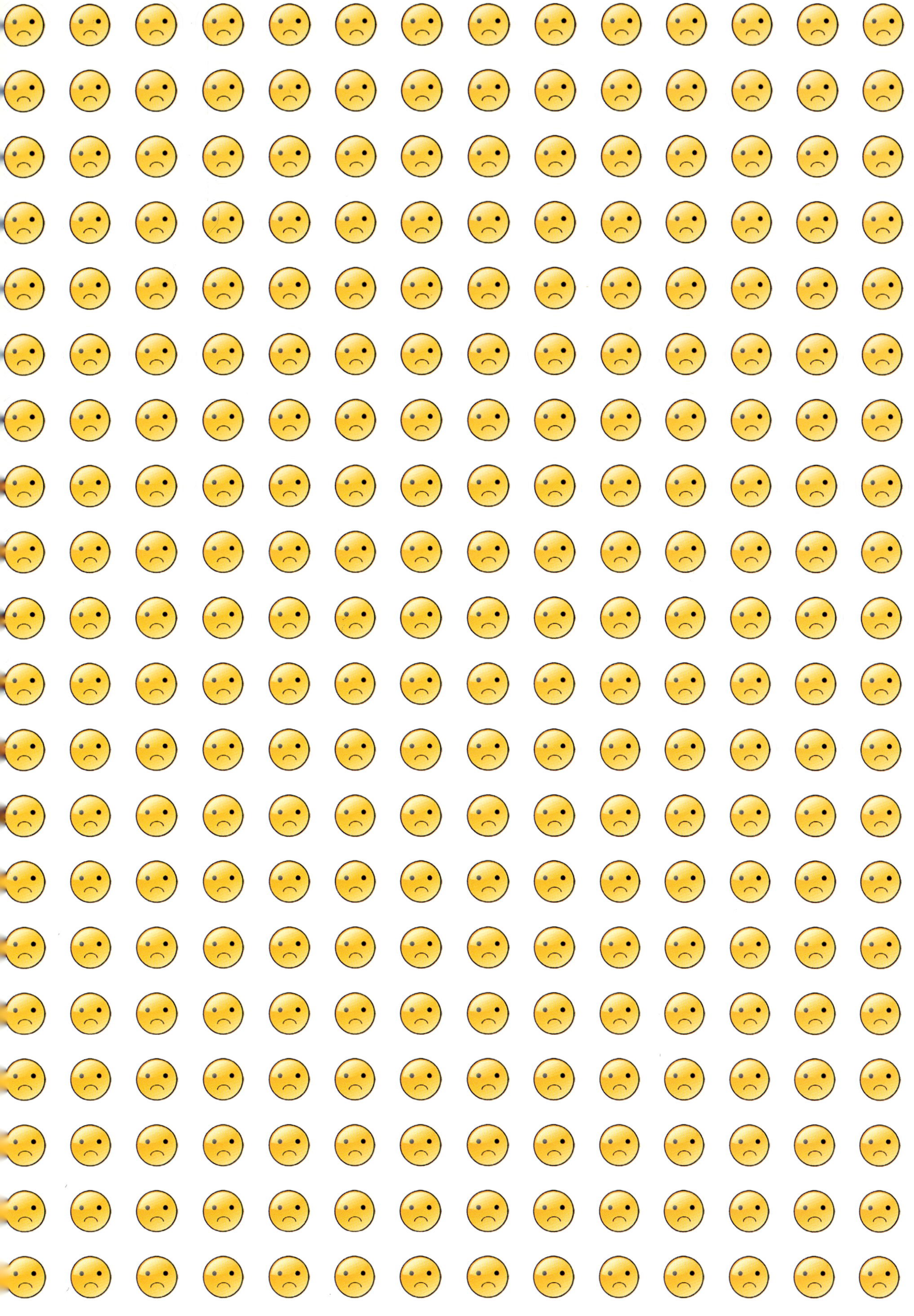

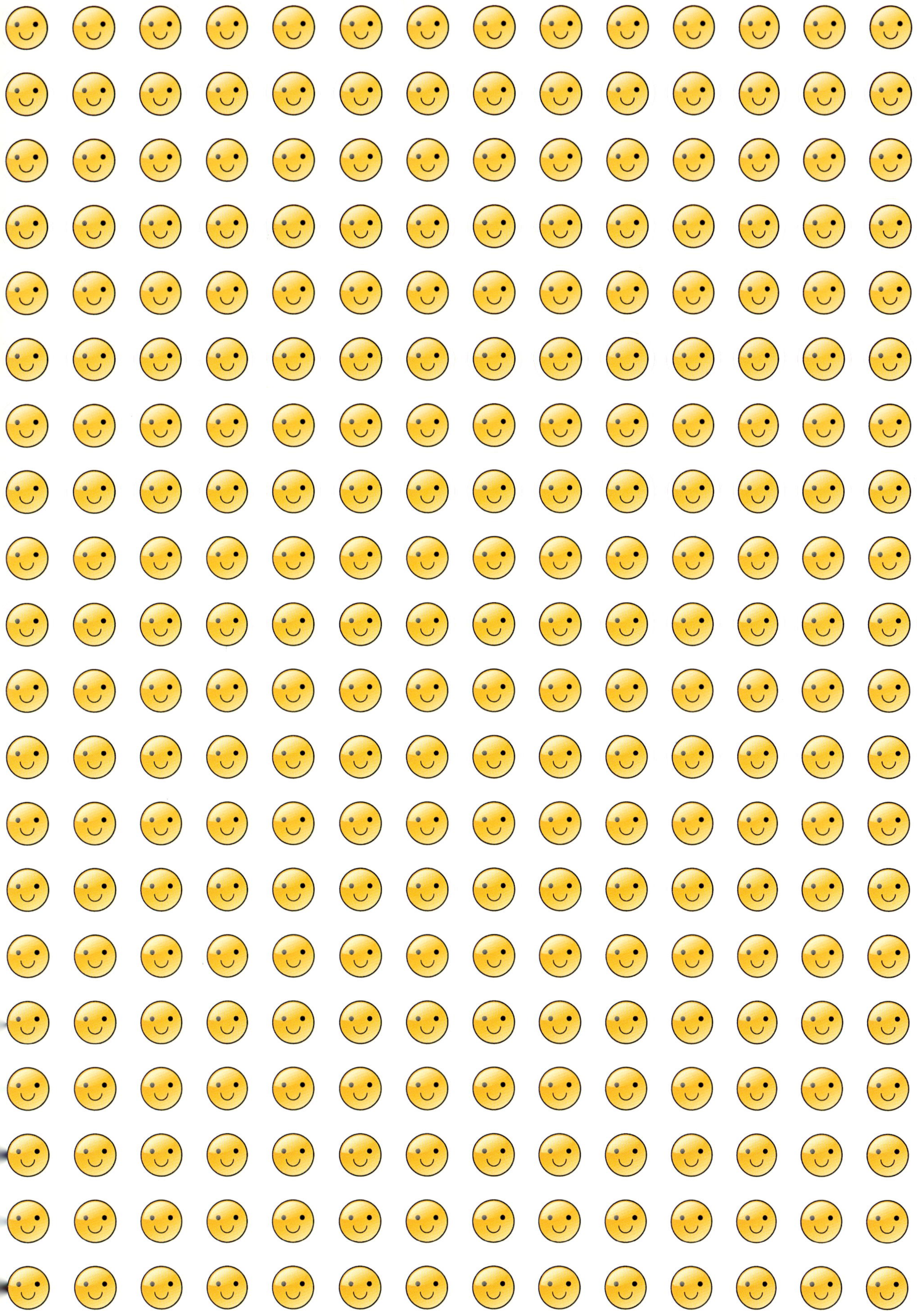

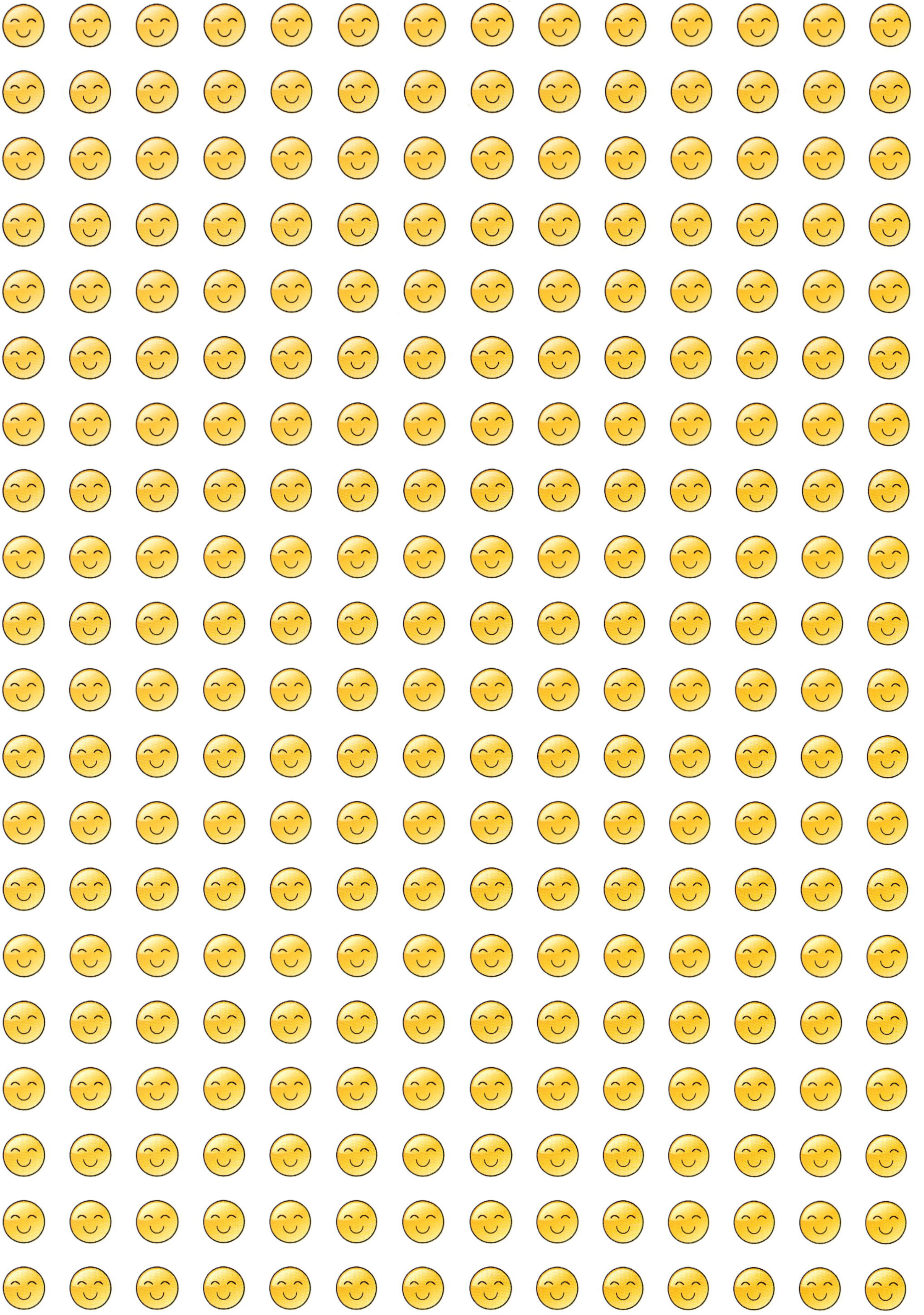